40代から伸びる人
40代で止まる人

渡部 卓

きずな出版

はじめに
なぜ40代以降でキャリアがストップするのか

働き方改革関連法が２０１９年４月に施行されました。その理念とはうらはらに、現在、多くの職場ではますます不安が増大し、気持ちの余裕、同僚・部下への思いやりが失われていくようだと私は危機感を持ちます。

そして人生１００年時代といわれるなか、年金問題の議論が大きな話題になっています。定年まで１つの組織にとどまり、そのまま余生を悠々自適に楽しむことがどうやら夢物語になりそうであることを、だれもが覚悟する時代となっているのです。

このように社会環境が劇的に変化する不安な時代では、ワーク・ライフバランスの考え方は有名ですが、それにソーシャルという基軸が加わり、人生のマネジメントを考えることへの学習、スキルが必要です。そうなると、**「ワーク・ライフ・ソーシャルバランス」のフレームに加えて、人生をマネジメントするには学び《スタディ》も必要な要素、スキルになってきます。**

私はこの40年、ビジネスの世界ではワーク・ライフバランスの領域を研究してきました。モービル石油に入社後、コーネル大学で人事組織論を学び、ノースウェスタン大学でＭＢＡを取得、その後も日本ペプシコ、ＡＯＬ（アメリカオンライン）、シスコシステムズ、ネットエイジなどで、さまざまな役職を経験してきました。現在は、大学教育という教育の世界に身を置き、自分のなかで、またスタディの必要性を発見したと思っています。

そんな私が、中堅の30代の皆さんにとって、40代以降でキャリアがストップしてしまわないためにいま一番必要で重要だと考えているものがあります。それが、**キャリアについての考え方の再構築と、ピアコーチング（詳細は第6章）による、だれでも実践可能な学びの習慣化**です。さらに最重要事項の1つが、**メンタルタフネス（ストレスへの耐性）の醸成**です。

くわしくは第1章でお話ししますが、「ワーク」「ライフ」「ソーシャル」の領域は密接につながっており、「ワーク」の領域でだけ成果を求めてもうまくいきません。すべての領域に通底するメンタルタフネスが重要になるのです。

ピアコーチングとメンタルタフネスは相性の良い組み合わせで、とくに30代からのスタートが効果的であり、その後の人生を左右する知的な財産になると信じています。そのスタートは30代、どれだけ遅くても45歳が一番のタイミングです。

この領域を専門用語を使わず、包括的に解説した本や論文、研修講座を私は過去には知りません。コーチングやメンタル関連の本は多く、資格講座や研修会も増えている傾向がありますし、またネット上の情報は多いのですが、これらの重要性と具体的に体得するためのスキルを示した平易な書籍は、本書が初めてのことと確信しています。

そのような私の思いを出版するにあたり、本書の企画と執筆にはきずな出版編集部の澤有一良氏にご理解をいただき、出版することができました。また執筆編集では佐藤喬《たかし》氏にもお世話になりました。ここでこのお2人に謝意を表したいと思います。

ぜひ本書を手にした方には、メンタルタフネスとコーチングの領域にご関心をいただき、本書への感想やご意見をメールにてお送りいただくことを願っております。

2019年7月、軽井沢にて

渡部 卓

第1章 40代から伸びる人は一度は転職を経験する

第2章 40代から伸びる人は仕事も家庭も大切にする

第3章 40代から伸びる人は部下の話をよく聞く

第4章

40代から伸びる人は体調管理を徹底する

第5章

40代から伸びる人はストレスを自力で和らげる

第6章

40代から伸びる人はピアコーチングで習慣を変える

第1章

40代から伸びる人は一度は転職を経験する

「上司・先輩の姿」が当てにならない時代

すでに実感されている人も多いと思いますが、いまや戦後の日本経済を支えてきた独自の雇用・評価システム「終身雇用」「年功序列」は崩れつつあります。

たとえば2019年5月にはトヨタの豊田章男社長が「終身雇用を守っていくのは難しい局面に入ってきた」と述べ、同じ5月には経団連の中西宏明会長（日立製作所会長）も、終身雇用について「制度疲労を起こしている。終身雇用を前提にすることが限界になっている」と訴えています。

そもそも「終身雇用」「年功序列」は、昭和の終戦後に、いち早く戦後復興を遂げることを目的として導入された、世界でも例が少ない特殊な日本独自の制度です。その特殊な制度を維持・守り続けているのが日本の職場の現状です。

日本経済が右肩上がりを続けることを前提に、労働力を安定的に確保しつつ、失業の不安を感じさせないことはとても重要なことでした。そこで働く人々にマイホームやマイカーなどの消費を促すことができる優れた経済システムだったこともまた事実です。「坂の上の雲」を目指して、未来を信じて、年金制度も信じてがんばって坂を上れたのです。

しかしその後、日本はバブルの崩壊から平成に入り、俗に「失われた20年」などと呼ばれる経済停滞に入りました（令和に入って「失われた30年」になりつつあります）。その間にテクノロジーの発達や、中国の発展など国際的な経済環境が変動しているなかで、こうした日本企業における働き方の形の変化は、当然といえば当然といえるでしょう。

ここで困ったことになるのが、いまの20～30代の若手ビジネスパーソンです。

彼らは「キャリアの考え方」について、なかなか学ぶべき相手が見つからないのです。

旧来の「終身雇用」「年功序列」のシステムが社会のなかでうまく働いているときには、ビジネスパーソンは良くも悪くも、自分のキャリアについて真剣に考える必要がありませんでした。新卒で入社した会社でそのまま働き続ければ、安定的な給料がもらえて、しかも少しずつ増えていったからです。

また、たとえば同じ会社で働いている10歳年上の先輩の姿を見ていれば、それがだいたい自分の10年後の姿だと想像できたのです。いわゆる「ロールモデル」というものです。

しかしいまは違います。**新卒で入社した会社にい続け、淡々と仕事をこなしているだけでは、キャリアを通じた自己実現を達成できる見込みは低いでしょう。**

同じ会社の10歳年上の先輩を見て、「自分も10年後にはあのくらいの役職になっているだろう」などと考えている楽観的な人はほとんどいないと思います。

もちろん、いまの会社で順調に出世して、50代には取締役になれそうだ、という人もいるかもしれません。ただ、すべての人がそうではない……というよりも、そういう人はごくごく一部に留まるはずです。

身近なところにロールモデルという存在がいなくなってしまっているのです。いまの時代、たとえば、キャリアやスキル、収入をアップさせたいなら、会社の外にも目を向け、転職や副業・兼業などをどうしても考えなければいけません。

50代でやってくる役職定年と早期退職

あるいは、人並み以上の待遇を望んでいなくても、**いまの会社にいつまでもいられる保証はないのです。**

現状の日本の法律では、正社員はなかなか解雇できないシステムになっていますが、最近増えているのは**「役職定年」**という仕組みです。これは50代後半の人間を対象に、一定の条件に合致しない人を管理職から外すというもの。

これにより、50代半ばに差し掛かってから急にキャリアのはしごを外され、収入が大きく減り、部下もいなくなって、自尊心を保つ仕事ができなくなる人が増えています。

単に給料が減るだけではありません。これまで自分の部下だった年下の人間の部下になるということもあり、精神的な負荷も大きくなるのです。

あるいは**「早期退職制度」**で、退職金を積み増す代わりに50代での退職を迫られることもあります。

40代までであれば、まだ漫然と働いていても会社が許容してくれます。

しかし、そういった環境にあぐらをかいている人は、50歳になったあたりから風当たりが変わり、50代半ばにしていきなり収入が激減したり、職を失ってしまったりする恐れがあります。

45歳では遅すぎる！

40代まで漫然と働いていても会社が雇ってくれると言いましたが、実際のところ、キャリアは一朝一夕で形成できるものではありません。

私は経験上、30代から自分のキャリアについて真剣に考え始めたほうがいいと思っています。どんなに遅くなったとしても、リミットは45歳くらいです。

20代はまだ社会人になったばかりで、まずは社会人としての基本的な仕事のやり方を身につける時期と考えていいでしょう（もちろん、自分のキャリア形成について早くから考えることは良いことです）。

30歳くらいになると一通りのことを経験し、ある程度自分で意思決定をしたり、先を見通せたりするようになってくるでしょう。

40代になればさらに経験を積んで、いわゆるマネジメントを任される年齢になっていると思うのですが、**同時に、たとえば同じ会社で同じくらいの年齢の人々との仕事力の差が明確になってきて、働く意欲が明確に落ち始めるのです。**

パーソル総合研究所が1万人のビジネスパーソンを対象に行った2017年のデータでは、「出世したい」と考えている人の割合と「出世したいと思わない」と考えている人の割合は、42・5歳で逆転するといいます。

要因はいろいろありますが、この年齢になると、自分の出世の天井が見えてしまうのです。これは「ガラスの天井」といって、アメリカにも存在します。

40代から思考や習慣を変えるのは難しくなる

40代からキャリアを考えるのでは遅い理由は、それだけではありません。それよりも、思考や習慣が固定化してしまうことのリスクが大きくなります。

とくに一番危ないのは、45歳まで一度も転職を経験せず、同じ職場で働き続けている人です。

会社というのは、それぞれに「色」があります。なにかを決定するときに重視する要素や、行動のスピードなど、会社によって差があるのです。

45歳までずっと同じ会社にいるということは、20年近く、その環境に浸り続けているということですから、そこから思考方法や習慣を変えるのは非常に難しくなってしまうのです。

たとえば、こんな話があります。１９９０年後半の頃の話です。私はとある外資系企業の社長を、ある日本の大企業の社長に紹介することになりました。

その外資系企業は当時すでにインターネット業界最大の会社になっていました。ところが日本企業の社長は相手の社長を見て、なかば冗談でこう言ったのです。

「私に会いにくるときに、ネクタイを締めなかったのは君が初めてだ」

当時から、アップルのスティーブ・ジョブズ氏のように、アメリカのネット企業界隈ではノーネクタイが当たり前でした。ネクタイは旧来の組織人のシンボルで、それを崩したいという気持ちがインターネット業界にはありました。

もちろんこれは、ノーネクタイがいいとか悪いとかという問題ではありません。社長になるまで1つの企業で過ごすと、外の世界の習慣が風変わりに見えるようになってしまいます。だから社長は悪気もなく笑ったのだと私は感じました。

こういった常識や固定観念は、本人の気づいていないところで、いつのまにか染み付いてしまっています。

環境の変化を経験しておく重要性

現代において自分のキャリアを考えるとは、必然的に転職や独立、そして副業・複業などを視野に入れて行動するということです。すなわち、**「環境の変化」**は避けて通れません。

環境の変化に対応し、自分の考え方、習慣を変えられる年齢のうちに行動を起こしておくことが非常に重要なのです。私自身、最初に転職をしたのは30代でしたが、転職先の考え方の違いに驚いたことがあります。

私がシスコシステムズというアメリカのネットワーク機器専門会社にいたときの話です。当時のシスコシステムズは、毎週のようにほかの企業を買収していました。そのこと自体、日本企業ではめったにないことで私は驚いたのですが、もっとびっくりしたのは、買収された企業が喜んでいたことです。

当時の私の感覚では、買収されるのは負けを意味するような気がしていたのですが、まったく違います。私が担当した、アメリカの買収された企業の創業者は「シスコの優秀な仲間と仕事ができることを楽しみにしている」と、肯定的なのです。

なにが高く評価され、なにが評価されないかは業種、業界、社風によってまったく異なるのです。

変化を肯定的にとらえる

キャリアを考える上で1つ大切なのは、「変化を肯定的にとらえる」というマインドセットです。

年齢を重ねてキャリアが尻すぼみになってしまう人は、基本的に「現状維持」をモットーにしていることが多いものです。企業経営でも同様のことが言われますが、現状に満足してその状態を維持しようとするだけでは、周囲の変化に合わせて衰退していくだけです。

もちろん、人間が変化を嫌がるのには理由があります。それがホメオスタシス（恒常性維持機能）とよばれるようなものです。

人間は恒温動物で、つねに体温を一定に保とうとします。それと同じように、つねに自分にとって居心地のいい、近視眼的には最適解である現状維持をついつい目指してしまう習性があるのです。

ただ長期的に見ると、これはキャリアの面では悪手です。アメリカでも働いてきた私から見て、日本人はとくに現状維持を目指す傾向が強いように感じます。

アメリカのビジネスシーンでは、よく**「コンフォートゾーン（Comfort Zone）を抜け出せ」**と言われています。コンフォートゾーンは「居心地のいい場所」という意味です。

私がアメリカに住んでいたとき、アメリカの知人たちが気軽に引っ越しをすることに驚いた経験がずいぶんあります。職場が変わったわけでもなく、とくに引っ越す理由がないように見えるのですが、なぜか引っ越しをするのです。

理由を尋ねると、「ここもいいが、気分を変えたいのさ」と言います。理由はそれだけ。彼らには**「変わること＝良いこと」**という前提があるのです。

結婚観にもこの違いは表れます。欧米の有名人の離婚や再婚のニュースは日本でも耳にしますが、離婚にネガティブなイメージはなく、深刻でもありません。離婚した元夫婦が、子どもへの配慮でしょうか、たまに会ってお茶を楽しむケースをよく目にしました。

ビジネスでもこの傾向があります。わかりやすいのは「A rolling stone gathers no moss.（転がる石には苔が生えぬ）」ということわざです。日本の場合、一箇所にじっとして苔が生えるのは「いいこと」だととらえられます。しかし、アメリカだとまったく逆。動き続けていれば錆びつくことがないという意味で、苔がつかないことを肯定的にとらえるのです。

もちろん、職人やアーティストなど、自分が選んだ1つの道に邁進《まいしん》し、突き詰めることも間違いではありません。ただ、よほど打ち込めることがあるのでない限り、1つの仕事、1つの組織に固執しない生き方のほうが、これからの時代においては、「ゆでがえる」にならないためのリスクヘッジになるでしょう。

転職に失敗はない

変化を肯定するという意味で、キャリアを考える上で一般的なのは「転職」でしょう。私自身、いまほど転職が一般的ではなかった1990年代からいくつか会社・業界を変え、会社を興したりもしたので、転職・起業・独立は推奨派です。

先にも述べたように、私が最初に転職したのは30代になってからでしたが、これは別に「最初の会社には10年くらい在籍してじっくり仕事をしたい」と思ったわけではありません。

当時はまだ現在のような転職支援サービスもなかったからです。いまでしたら20代で転職するのもいいでしょう。

私が思うのは、**「転職に失敗はない」**ということです。

転職を決意しても、多くの人は不安を抱くはずです。もしかしたら給料が下がるかもしれないし、人間関係がうまくいかなくなるかもしれない。そもそも、転職先の会社の企業文化と合わないことだってありえるでしょう。

しかし、「変わること≠良いこと」という見方に立てば、どうでしょうか。環境を変えることで、自分が働く上で本当に大事にしたいことがわかってきます。

たとえば、ある人は「自分のやりたいことができなくても給料が高いほうがいい」と考えるかもしれませんし、「給料は安くなってもいいから、やりがいを持って働けるほうが幸せだ」ということに気づくかもしれません。これらも、いくつかの職場を経験して比べてみて、はっきりすることです。

その意味で、すべての転職は、少なくとも失敗ではありません。

ですから、**転職が早すぎるとか、転職の回数が多すぎるといった心配は無用です。**私はいままで7回転職していますが、失敗は一度もないと思っています。

あるいはこう考えてもいいでしょう。**「転職は旅行だ」**ととらえるのです。場所を移し、新しい経験をするという意味では転職は旅行に似ています。

旅行に成功も失敗もあるでしょうか? もちろん、ホテル選びに失敗したとか、旅行先の天候が悪かったといった、ちょっとした失敗はあるでしょう。でも、それも含めて旅行です。

ホテルの夕食がいまいちだったからといって「ああ、この旅行は失敗だった……」と頭を抱える人はいません。ホテルの外で食べるなり、もっと食事がおいしいホテルを探せばよいだけの話です。

転職に成功も失敗もないというのも同じです。仮に年収が一時的に落ちたとしても、そのことによって転職のすべてが失敗だったことにはなりません。

転職は旅行のようにおもしろく、そこには新しい発見があります。そうとらえれば、気も楽になるのではないでしょうか。

自分が成長できているかどうかチェックする

転職はそもそも成功、失敗や、適切な回数、タイミングなどの基準が当てはまらないものです。

もちろんその人のタイミングによっては、転職しないほうが良いケースもあるのは事実です。いまの職場から移ったほうが良いか、それともとどまったほうが良いか自問自答するとき、そのセルフチェックには、**「自分が成長できているかどうか」**を目安にするとよいでしょう。

たとえば半年前、1年前の自分自身と比べて、いまの自分はどれくらい成長しているか。ビジネスパーソンとしてどのくらい新しいことに挑戦し、できることが増えたか、人脈が増えたか、などを確認しましょう。

もし、やっていることが半年前や1年前となにも変わらず、自分の能力や心持ちなども変化していないなら、受動的な現状維持状態になっている可能性があります。それを理解した上で受け入れるならいいですが、その状況に対して不安を抱いていたり、もっと自己の成長を望んでいたりするなら、転職のための行動に移すべきといえます。

ここで留意すべきは、**あくまでも比べる対象は自分自身である**、というところです。ありがちなのは、自分と年齢が近い社内の人間、あるいは同級生の年収などを自分と比較して焦りだし、転職を考えるケースです。

年収はその人の実力以外にも業界や会社の規模などによって変わるものですから、単純に比較できません。「隣の芝生は青い」ということわざもあるように、他人と自分を比較して行動していると、いつまでも満たされることがないのです。

なお、**転職は最終的にはご本人が決めるべきですが、今の会社をほぼ辞めたほうが良いと言えそうなケースもあります。**それは過労やハラスメントによってうつ状態になっている社員が多く発生しているような場合です。

２０１５年のクリスマスに、某大手企業の入社間もない女性社員が自らの命を絶つという、とても痛ましい事件がありました。大々的にニュースになったのでご存じの方も多いでしょう。彼女の自殺の原因は過労だったのではないかと言われています。

過労やハラスメントなどによってうつ病になったり、それに近い状態になると、判断能力も著しく低下します。亡くなった彼女がどういうメンタルの状態だったかはわかりませんが、辞めたほうが良いという判断がすでにできなくなっていたのかもしれません。

私は産業カウンセラーとビジネスコーチの資格を持っており、メンタルヘルスも専門です。もし私が彼女の労働環境や過重労働の話を、悩み始めた段階で聞けたら、会社を辞めることをすすめたり、労働環境の改善を会社側に提言したりすることができたかもしれません。

ところが、現実には彼女のように追い込まれている人に対して「もっとがんばれ、我慢のしどころだ」「（追い込まれて判断も決断もできない状態なのに）転職したほうが良い」と安易に、そして不適切に言ってしまう人が後を絶たないのも事実です。そもそも、そのような状況になるまで放置することは、経営の本質が問われます。

もし、いまの仕事がつらくて、毎日が憂鬱だとしたら、それは転職を考える立派な理由になり得るのです。

キャリアとは「ワーク」だけではない

転職するにせよ、しないにせよ、「30代で人生を変える！」などというと、成功を求める若者向けの自己啓発書のようですが、ここで伝えたいことは少し違います。**30代のうちに広い視野とワーク・ライフバランスを身につけることは、40代・50代での社会的成功のためだけではなく、60代以降の人生のためでもあるのです。**

よく、「定年退職したら●●をするぞ！」と意気込んでいる方を見かけます。定年が近い50代、60代の方です。

しかし私の見る限り、そういう方々の定年後のメンタルは、あまりうまくいっていないケースも散見されます。退職金でゴルフをやるぞ！　と意気込んだものの、半年くらい経って様子をうかがうと、どうも元気がない。仕事をしない生活に慣れないのでしょうか。会社勤めをしない習慣を知らずに定年まで来てしまったせいです。

日本の企業も定年前の社員を対象に定年前研修などをやっていますが、私に言わせると、そもそも一社で定年まで勤めあげること自体がリスクです。退職後の生活を楽しむためには、現役時代から視野が狭くてはまずいでしょう。

そもそも、日本人は「退職」ということを大げさにとらえすぎです。

欧米には「ハッピー・リタイアメント」という言葉があります。この言葉に表れているように、欧米では退職も人生の1つのステップにすぎません。日本のように大げさではなく、ごく自然に退職し、次の人生を生き始めるのです。このように欧米では退職後についての語り口が自然です。

しかし、1つの会社にどっぷり浸かる人生が主流だった日本では、ワーク・ライフバランスが「ワーク」に極端に傾くせいで、退職が大事になってしまっています。私はそのとらえ方が、会社員であるときと退職後との落差を大きくし、第二の人生を楽しめない要因になっていると思います。定年後を見据えると、30代のうちにワーク・ライフバランスを身につけておく必要があります。

キャリアと言うと、一般的には「仕事の実績・経歴」ととらえる人が多いと思いますが、本書で説明するのは、仕事（ワーク）だけに限りません。厚生労働省が公表している「『キャリア形成を支援する労働市場政策研究会』報告書要旨」でも、キャリアは**「時間的持続性ないし継続性を持った概念」**としてとらえられているように、自分の人生の方向性を確固たるものにするための考えとして扱います。

人生を最後まで楽しむためには、若いうちから視野を広げておかなければいけません。本書は目先の成功のためにも役立ちますが、本当の目的は人生をより豊かにすることにあります。

「成長」の意味が多様になった

かつては、「成長」といえば仕事における成長を意味しました。1人のビジネスパーソンには、仕事以外にも家庭や社会的活動の側面もあるのですが、そちらにはあまり目が向けられませんでした。

しかし、価値観が多様化した現代では、成長の意味も多様化しています。私はこの変化を、「ワーク（仕事）」オンリーの昭和、平成から**「ワーク・ライフ（家庭や趣味）・ソーシャル（社会的な活動）」**に示される人生の3つの分野へと移行する、令和の時代の価値観の変化ととらえています。

「ワーク・ライフバランス」という言葉自体はこの10年で一般に浸透してきたと

思います。学生に聞いてみても全員が知っています。ハーバードのＭＢＡの学生たちもアンケートによると人生の基軸でも最重要としているようです。

しかしそれではもう古い、そこに**「ソーシャル」**も付け加えたほうがいい、というのが私の主張なのです。

いまの時代はＩＴの普及、グローバリゼーション、寿命の伸びなどによって、個々の価値観の多様化・複雑化が起こっています。読者の皆さんにも、仕事での成功を望んでいる人もいれば、収入はそこそこでもいいから家族との時間をしっかり取りたい、という人もいるでしょう。

そこで大切なのが、**自らの成長実感を「ワーク」だけではなく、「ライフ」や「ソーシャル」の分野でも同時に求める**ということです。

このときに大切なのは、これらはトレード・オフの関係ではない、ということです。「ライフ」や「ソーシャル」を大切にするというのは、決して「ワーク」での高いパフォーマンス、成果をあきらめるということではありません。

社会奉仕はもっと気軽にできる

ここまでの内容で、少し戸惑っている方も多いかもしれません。「ソーシャル」（社会的）という概念は、日本人にはあまり馴染みがないものだからです。

欧米でのソーシャルの概念は、一言で表現すると**「社会とのつながりのなかでの奉仕」**です。欧米人はそこに生きがいを見出します。

「ノーブレス・オブリージュ」という言葉を聞いたことはあるでしょうか。「高貴な者の義務」といった意味であり、社会的地位が高い人間は社会への奉仕義務がある、といった考えです。

ビル・ゲイツなど欧米の富豪が寄付をしたり、企業が社会的責任（CSR）を意識したりするようになったのも、この考えが根底にあるためです。エグゼクティブほど謙虚で、人に尽くさなければいけないということです。

欧米では社会奉仕がとてもカジュアルにとらえられています。日本で奉仕というと、遠くの被災地にボランティアに行くなどと、それなりに難易度の高い活動を想像されがちですが、もっと気軽でいいのです。

たとえば部下にお茶を入れる、家の前の道を掃除する……この程度のことでも、十分に「社会奉仕」です。仕事で得た経験や好きな趣味を生かして、人助けをすることもソーシャルの領域に含まれます。

ビジネスの領域は、どうしても結果がシビアに求められます。競争関係にありますから、がんばってもそれに見合った成果が出なければ評価は得られません。

それに比べると、ソーシャルは競争関係にあるわけではないので、人の役に立ったという実感をワークよりも得やすいはずです。

たとえば、会社で経理の仕事をしているから、学校のPTAで会計を担当する、というのも立派なソーシャルでのキャリアです。

定年退職を迎えて、やりがいを失ったりしてしまう人がいるのは、ビジネス面でのキャリアにしか目が向いていないからです。

人生は仕事がすべてではありません。「ライフ」や「ソーシャル」で価値を提供することも、人生におけるキャリアの一部なのです。

私としては、こうした考え方こそ、30代のうちに持っておくべきだと考えています。すでに述べたように、40代に差し掛かってくると、新しい考え方や習慣を取り込むことがだんだん難しくなってくるからです。

大切なので繰り返しますが、キャリアとは必ずしもビジネス領域だけのものではありません。本書で伝える内容は、基本的にはビジネスシーンでの活用を意識していますが、もちろん「ライフ」「ソーシャル」でも応用できるものとなっています。

第1章まとめ

＊1つの会社で漫然と働いていると、50代以降に役職定年や早期退職を迫られて尻すぼみのキャリアになる可能性がある

＊キャリアは一朝一夕では変えられないので、30代から考えておくべき

＊環境の変化を好意的に受け入れ、転職すら旅行のように考えてもいい

＊これからの社会では「ワーク」「ライフ」「ソーシャル」が一体になるので、キャリアは「ワーク」だけではなく、全体で考えるべき

第2章

40代から伸びる人は仕事も家庭も大切にする

リーダーシップに関するよくある勘違い

40歳以降のキャリアを考える上では、「リーダーシップ」というのが1つ、重要なキーワードになります。

ただしこれは、いわゆる「ワーク」領域における仕事のリーダーシップだけを指すのではありません。「ライフ」「ソーシャル」の領域でも、リーダーシップが必要となるのです。

日本人はリーダーシップと言うと、仕事などのチームを率いる存在をイメージする人が多いと思います。しかし、ここで言うリーダーシップの持つ意味はそれだけではありません。

真のリーダーシップとは、自分で自分の「あるべき姿」を定め、そのための方法を考えて、周りを巻き込みつつ、実行していくことです。

つまり、自分の人生のリーダーになる、ということです。

この考え方に従えば、たとえ仕事でどれだけリーダーシップを発揮していても、「ライフ」や「ソーシャル」が犠牲になり、ストレスを抱えたりしている人は、リーダーシップを持っているとは言えません。

ビジネスの領域だけに特化していると、たしかにその分野では一定の成功を収められるかもしれませんが、年齢を重ねるに連れて虚しさが出てきます。

このリーダーシップに関しては、ペンシルベニア大学ウォートン校のリーダーシップ・プログラムおよびワーク・ライフ・インテグレーション・プロジェクトの創設者であるスチュワート・D・フリードマン氏の提唱している**「トータル・リーダーシップ」**が参考になります。

これはまさに、「ワーク」だけではなく、「ライフ」や「ソーシャル」の領域でもトータルで発揮されるべきリーダーシップとして定義されています（実際のトータル・リーダーシップでは「仕事」「家庭」「コミュニティ（地域社会）」「自分自身」の４つの領域を指します）。

リーダーシップというのは、自分や、自分の周りの人間の人生をより良いものにしたいという気持ちであり、そのための言動です。そして、リーダーシップはどんな人でも、学び、伸ばすことができる能力です。

そのためには、もちろん、いわゆるリーダーシップを伸ばすことを目的としたテクニックも必要です。しかし、それよりも自分自身のことを内省し、自分がどこに向かいたいと考えているのかを明確にすることが重要です。

自分にとってのヒーローはだれか？

リーダーシップを獲得する上でまず大切なのは、あなたにとっての**コア・バリュー**……すなわち、人生においてなにがもっとも価値が大きいのか、ということを知ることです。目的地がわかっていなければ、進みたい方向に進めるはずもありません。

これは人によってさまざまです。たとえば、こんなものがあります。

- **新しい価値を世の中に生み出したい**
- **成果を上げ、人の上に立ちたい**

- 1つの道を徹底的に極めたい
- パートナーや子どもと多くの時間を共有したい
- 人をいたわり、困っている人を助けたい
- つねに変わり続け、成長し続けたい
- 難しいことに挑戦し、それを成し遂げたい
- つねにおもしろさ、よろこび、笑いを感じたい
- あらゆるものを自分でコントロールしたい
- 少数の限られた人と親密な関係を築きたい

これを考えるときのヒントになるのは、あなたの原点を考えてみることです。

たとえば、あなたのこれまでの人生を振り返って、過去に起こった重要なエピソードや出来事を思い出してください。

そして、その出来事をきっかけに、自分の価値観や考え方がどのように変化し

たのかを考えてみるのです。

あるいは、自分のヒーロー、尊敬する人物を考える、というのも有効です。直接面識がある人でもいいですし、面識がない人でも構いません。

なぜ、その人が自分にとってのヒーローなのか。その理由を少し考えてみてください。

ここが自分のなかで明確になり、さらにストーリーとして語れるようになると、いまの自分の行動の理由が、だんだんとわかるようになってきます。

「なぜ、自分は家庭をないがしろにしてまで仕事をしてしまいがちなのか」

「なぜ、私は自分を犠牲にしてでも人を助けてしまうのか」

自分のなかのコア・バリューがわかれば、それがリーダーシップを発揮するための礎《いしずえ》になります。

家庭がうまくいくと、仕事もうまくいく

自分自身を知る上でもう1つ大事なのが、自分にとって重要な人物を把握しておくことです。これは、「自分自身」を除きます。こうした、自分に関係のある重要な人物のことをステークホルダーと呼びます。

これは1人に限定しなくてもかまいません。「ワーク」「ライフ」「ソーシャル」のそれぞれの領域で、重要な人も異なってくるはずです。

これらの人々を一覧表にして**「彼らが私に期待していることはなんだろう」**と考えてみてください。

これは実際にその人に質問しなくてもかまいません。そのような質問をした

ら、相手がどのように返答するかを想像するだけでOKです。

そして、そうした期待に対して、いまのあなたがどの程度応えられているかも、自己評価で構いませんから、考えてみましょう。

次は逆に、**「私が彼らに期待していることはなんだろう」**と考えてみます。そして、実際にそれがどれくらい実現されているのかを評価してみるのです。

こうした関係性の人々は少なからぬ人数に及ぶと思いますから、できれば紙などに表でまとめましょう。

それをまとめていくと、おそらくあることに気づくはずです。それは、さまざまな領域で、あなたが相手に求められていること、相手に求めていることに、共通の項目が見つかるということです。

たとえばよくあるのは、「自分のことを評価してほしい」というものです。仕事はもちろん、家庭でも家事などをやっていれば、そのことをちゃんと認めてほしい、という気持ちを持っている。そういうことに気づくはずです。

これは、「ワーク」「ライフ」「ソーシャル」に重なるところがあることの証でもあります。私たちは会社や家庭でそれぞれ違う役割を持っていますが、結局は同じ人間で、別の人格になるわけではありません。

あなたと他者との関係は、「あなたの人生」という大きなシステムの一部であり、連動しています。

たとえ仕事でうまくパフォーマンスが発揮できなくても、家庭など「ライフ」のフィールドでのパフォーマンスを向上させることで、仕事にプラスの影響を与えることができるのです。

多くの人は、「ワーク」「ライフ」「ソーシャル」をゼロサムで考えてしまいます。たとえば、「仕事をがんばっているから、家族とのコミュニケーションが減ってしまうのは仕方がない」といったような考え方です。

しかし、そうではないのです。むしろ、そのような考え方は仕事や家庭が自分のコントロール下にないこと、すなわち、自分自身がリーダーシップを持てていないことの証ですらあります。

「ワーク」でも「ライフ」でも「ソーシャル」でも、コントロールできるのはあなたであり、リーダーシップを発揮することができます。

そして同時に、**ある1つのフィールドで高いパフォーマンスを発揮すると、その影響はほかのフィールドに及びます。**

大切なのは、自分がどのフィールドでどのくらいのパフォーマンスを発揮できているのか、現状を確認すること。そして、そのなかで、いまの自分が一番パフォーマンスを発揮しやすいのはどのフィールドだろうかと考えてみることです。

たとえば、仕事がうまくいっていない人は、家族とのコミュニケーションも不足しがちで、家庭にも不満が溜まってはいないでしょうか。

新しい行動を起こしたり、環境を思い切って変えたりするのは、会社よりも家庭のほうが簡単なことが多いものです。

リーダーシップは「主語」に表れる

真のリーダーシップは、じつは「主語」に表れます。

ほとんどの人々は、なにかを考えるときに「私は」と、自分自身を主語にします。しかし、リーダーは**「私たち」**を主語にするのです。

自分の成し遂げたいことを実現するためには、周囲の人々の協力が欠かせません。仕事はもちろんのこと、家庭の問題だって、配偶者や子どもの同意を得られなければ実現することはできないでしょう。

そのためには、自分の求めるものと相手の求めるものを理解し、すり合わせ、自分の利益と人々の利益を調和させる必要があります。つまり、自分のやることが相手にとっても利益があると思わせるのです。

ただし、ここで多くの人がぶつかる2つの壁があります。

「モラルの壁」と**「合理性の壁」**です。

「モラルの壁」というのは、自分のやりたいことのために周囲の人間を動かすことを「人を操る」といったイメージで自分のなかで考え、自分のアイディアを主張するのを躊躇《ちゅうちょ》してしまう心理のことです。

一方、「合理性の壁」というのは、正しさを追求するあまり、自分のアイディアに対する他者の反対を受け入れ、「自分が間違っているのかもしれない」「忘れたほうがいいだろう」と考えてしまうことです。

これは間違いで、乗り越えるべき壁です。

たしかに、一人称が「私」で、その考え方や行動があなたにしかメリットがないのであれば、こうした懸念は正しいのかもしれません。

しかし、主語を「私たち」で考え、自分のことだけではなく、他者のメリットにもなるように行動しているのであれば、間違ってはいないのです。

もう1つ、リーダーシップという点で言えば、**真のリーダーは自分が称賛されるよりも、人のことをより称賛する**ということです。

主語が「私たち」ですから、たとえ目標を達成できてもその成功を自分で独り占めにせず、周りの人々に実力を発揮する機会を与えて称賛するのです。

これは、人間にとって大きな資源である「社会的資本（ソーシャル・キャピタル）」を豊かにする原動力となります。

他者の成功に積極的に貢献することによって、自分も他者から貢献してもらえるようになる**互恵《ごけい》関係**です。

ビジネスにおいては人脈が大事だ、ということがよく言われますが、これはべつに交友関係の広さが大切なわけではありません。

そうではなく、このような互恵関係をどれだけ多くの人と築けているか、が大事なのです。

そしてこれはもちろん、「ワーク」の領域だけに限る話ではありません。「ライフ」「ソーシャル」のそれぞれのフィールドで互恵関係を築き、ネットワークを持っておくことが、キャリア形成における重要な要素の1つとなります。

また、この「与える」という行為は、幸福そのものにも高い影響を与えます。**人間は他者からなにかを与えられるよりも、他者に与える行為をしたほうが、じつは気持ちよくなれるのです。**このことは、ドイツのリューベック大学が行った、MRIを使った実験でも明らかにされています。

人を助け、「与える側」に立つほうが楽しいし、結果として社会的資本の蓄積にもつながるわけです。

ネットワークの構築で陥りがちなミス

社会的資本を築くときに注意したいのは、「閉ざされたネットワーク」にしないということです。私たちは自分と似た人たちだけを集め、ネットワークをつくってしまいがちです。そのほうが、楽だからです。

しかし、ネットワーク構築の恩恵を最大限に受けるためには、このような同質のつながりを避け、自分が所属している社会集団の枠組みを超えることが必要です。

まったく違う人々や、面識のない人々とも互恵関係を構築することが重要なのです。ネットワークは規模ではなく、メンバーの多様性のほうが大切です。

そしてこのネットワークは、必ずしもあなたが中心になっていなければならないものではありません。

たとえば、自分の知り合い同士で「紹介したらおもしろそうな2人」がいたとしたら、それがまったく自分のメリットにならなくても、その紹介を行うのが真のリーダーシップを持っている人です。

その結果として紹介した2人が新しいことを始めるかもしれません。そこから金銭的なメリットなどは得られないかもしれません。ただ、紹介したことがいい形になって結果が表れれば、あなたはいい気持ちになり、満足度が得られます。

そしてもっと大切なのは、**あなたに紹介してもらったことで、出会った2人がもっといい気持ちになる**ということなのです。

信頼というのは、必ずしもあなた個人が成し遂げた成果だけによるものではありません。適切な人物を紹介できるネットワークを持っていて、あなたが人を紹介し、それが実を結んだことを人々が見れば、人々はあなたのことを間接的に「信頼できる人間」として見るようになるのです。

第2章まとめ

＊真のリーダーシップとは自分の人生で自分の「あるべき姿」を見定め、そのために周囲をも動かして行動できることを指す

＊「あるべき姿」を定めるためには、自分の理想的なヒーロー像や、自分と関係性の深いステークホルダーを整理してみるといい

＊「ワーク」「ライフ」「ソーシャル」はつながっているので、どれかを犠牲にするのではなく、どれをも高めていけるようコントロールするべき

＊主語を「私」から「私たち」で考えることで、「モラルの壁」と「合理性の壁」を乗り越えられる

＊社会的資本である互恵関係を構築するなら、多様性を重視する

第3章

40代から伸びる人は部下の話をよく聞く

マネージャーにとってもっとも大切な力

30代になると、管理職になって部下ができる人も増えるでしょう。そうなると、自分だけががんばっても評価されません。いかに部下をマネジメントし、チームとして成果を上げるかが重視されます。

とくに最近では、ちょっと叱っただけで逆ギレしたり、黙りこくったり、すぐに辞めてしまったり、パワハラとして訴えられることもあります。

こんなことから、最近の若い人はメンタルが弱い、とひとくくりにして言う人も多いのです。実際、私のもとにも、「ハラスメントの予防」や「部下の叱り方」などのテーマで講演の依頼が届いたりします。

ただ、私自身も外資系企業の本部長などを経験して、人をマネジメントしてきましたが、**いまの若い人たちが昔に比べてメンタルが弱くなったというわけではない**、と感じています。どんな時代であっても、基本的に人のやる気を引き出す手法は変わりません。

マネージャーとして行動するとき、キーワードとなるのは**「聴く力」**です。

私は当時モービル石油（現ＪＸＴＧエネルギー株式会社：ＥＮＥＯＳを展開する石油製品の精製及び販売等を行う）、日本ペプシコ、シスコシステムズなどの外資系企業で働いてきました。

そうした外資系企業には、厳しい上司がいて、ヘマをすると叱責が飛んでくるようなイメージを持たれている人が多いかもしれませんが、実際はそんなことはありません。

少なくとも、私の過去の外資系の職場では経営者が部下たちを怒鳴りつけ、イヤミや不満をぶつける言動を繰り返すのを見たことはありませんでした。

私はラッキーなケースですが、私の上司たちは部下の話をよく聞いてくれました。そこに主観や批判を挟んだりしません。**相手の話を理解して、共感し、部下自らに問題を発見させたり、やる気を起こさせたりする**のです（いま思い返すと、若造の私にもしびれを切らさず、実際にはずいぶんと我慢、苦労もしてくれていたのだろうと思います）。

また、日本を代表する企業の1つで、ユニクロを展開しているファーストリテイリングの創業者、柳井正氏も、私は傾聴力の高い人だと感じています。

私はアメリカのアパレルブランド「ヘインズ」を扱う日本法人でマーケティング部長を務めていたこともあり、そのときに柳井氏や彼の部下数人と数度ではありましたが、ミーティングをする貴重な機会がありました。

柳井氏というと、ワンマンでドライな印象を持っている人もいるかもしれませんが、ミーティングでは非常に力の抜けた、穏やかな人物でした。発言のほとんどは若手の部下の方たちによって進められ、柳井氏が途中で口を挟むということは、少なくとも私の参加した会議ではなかった印象です。

星野リゾートの星野佳路《よしはる》社長ともコーネル大学留学中に下宿を紹介していただくなど長くお付き合いさせていただき、新聞の連載などでストレスマネジメントをテーマに対談したこともあります。星野氏もまた、辛抱強く私の話にじっくり耳を傾け、よく頷きながら聴いてくださいました。超多忙ななかでもほぼ間違いなく部下の話にも傾聴するタイプの経営者であろうことが想像されます。

実際、星野リゾートには「言いたいことを、言いたい人に、言いたいときに、直接言う」というルールがあります。直属の上司を抜かして、その上のマネージャーや経営者に直接提案をしてもいいのです。

例を挙げればきりがありませんが、**優れたマネージャーというのは、優れたコーチ、プレゼンテーターというより、実質はカウンセラーだ**というのが私の経験と観察からの結論です。

「聴く」というのは、カウンセリング・スキルです。カウンセリングと聞くと、臨床心理士や産業カウンセラーなど、専門の資格を取得したプロに委ねるのが当たり前だと考えている人も少なくありません。もちろん、心が傷ついた人を本格的に癒やすのであれば、そうしたスキルをもつプロフェッショナルに一任するのが最適でしょう。

ただ、**マネージャーにとって必要なカウンセリング・スキルはそこまで大仰なものではなく、真摯に相手の話を聞き入れ、共感できる力のことです。**

聴く力を正しく身につけ、マネジメントできれば、部下が飛躍的に成長するだけではなく、チーム全体の成果が出て、あなた自身のマネジメント力がさらに向上していくのです。

「叱る」をしてはいけない理由

部下が何度も同じミスをしたり、失態を犯してもまったく反省のかけらも見せないようであれば当然、管理職の責務として叱ることが必要です。

しかし、叱るというのは、じつは皆さんが思っている以上に、かなりレベルが高いことです。それには以下のような理由があります。

・上司の側に「叱るプレッシャー」がある

ほとんどの人にとって、「叱る」という行為はやりたくないことです。つまり、叱る状況というのは、上司にとっては「叱らなくてはいけない状況」です。しかも、叱るのは手早く、効果的に済ませたいと考えるものですから、そこで上司もプレッシャーを感じてしまいます。

・「叱る」は「怒る」に変わりやすい

叱るためにはどうしても相手を責めるような言い回しを使いがちで、そのような言葉を使っていると、ついつい感情が高ぶって「叱る」が「怒る」という、感情的なものになってしまいます。

しかも、「叱る」と「怒る」をどちらで受け止めるのかは相手次第ですから、自分では「叱った」つもりでも、相手は「怒っている」ととらえることがあります。

こういうときに私がオススメしたいのは、**叱ったりするよりも、ミスをした部下の話を聴くほうにあなたのその貴重なエネルギーを振り向ける**ことです。

人は、他人に興味を持ってもらいたい、話を聞いてもらい、共感され、理解されたいという欲求を根底に持っています。

その欲求は、ミスをしたときにも消えることはありません。ミスをしたときにも、その当人のなかには「自分はがんばって取り組んだんだ」「仕事の任せ方が雑だったからだ」「だれもフォローしてくれなかったのが悪い」などと、鬱屈《うっくつ》した感情が高まっているかもしれません。

こうした部下の心情を理解しないまま叱ることで、部下の働くモチベーションが下がり、パワハラなどの問題となるケースが現代ではよくあるのです。

話を聞くときは受動的な姿勢でいい

こうした部下の話を聞くときに参考になるのが、カール・ロジャーズという臨床心理学者の手法です。ロジャーズは来談者中心療法という精神療法を確立した人物で、アメリカ心理学会による「20世紀にもっとも影響の大きかった心理療法家」の1位に選ばれています。

ロジャーズの心理療法では、相手の話を肯定的な関心を示しながら傾聴し、共感し、理解を深めます。

相手は意見を挟まれたり、批判されたりすることなく話を聞いてもらえるので、自分自身が尊重されていると感じます。それは安心感につながり、そこで初めて、自ら原因を究明したり、解決の糸口を探したりして、自省を始めるプロセスに入っていけるのです。具体的には、

1. 傾聴する
2. 肯定的関心を持つ
3. 共感的理解をする
4. 非指示的アプローチをとる

という4つを実践することで、モチベーションの低下や欠勤、退職といった事態を目に見える形で激減させることができます。これは大げさにいえばマジックとも言えるほどです。

本人も自ら自身の問題点を見つけて改善しますし、自分も叱るというストレスフルな行動をしなくてよくなるのです。まさに一石二鳥、一挙両得なのです。

この手法の良い点は、**「受動的でいい」**ということです。

私の知人の経営者に、うまく部下たちを叱ることができず、「叱り方、ほめ方」のテクニックをセミナーで学んだ人がいます。しかし、「研修の場では、なるほどと理解して習得できたつもりでも、いざ部下が失敗すると、頭に血が上りほとんど使えずに狼狽《ろうばい》し、自信を失った」ということを正直に言っていました。

テクニックの習得も無駄ではありませんが、このようなリスクがあります。人間、だれでも慣れないことを実践しようとすると、うまくいかないのです。

相手の話を聞くときの4つのポイント

それでは、「傾聴」「肯定的関心」「共感的理解」「非指示的アプローチ」について、それぞれポイントを説明していきましょう。

1．傾聴する

相手の話を聴くときに大切なのは、「自分が聞きたいこと」を相手から引き出そうとするのではなく、「相手が話したいこと」をしっかり聴くという意識です。あくまでも話の中心は相手です。

話を聴いていると、自分とは考えが違うところや、違和感を覚えるところがあるかもしれません。しかし、そうした場合でも口を挟んではいけないのです。世界的に著名な精神科医デビッド・D・バーンズは、傾聴を**「無になる」技法**だと表現しています。

傾聴に集中することによって、部下を思い通りにコントロールしようとする衝動を手放し、部下の感情や思考に集中させるのです。自他ともに有能と自認する管理職ほど、たとえ相手が新人でも、このことを肝に銘じる必要があります。

私も大学教員として、相手が新入生であっても、相談を受けたときはこの鉄則を守るようにしています。相談を受けた学生からは、驚くような事実が語られることがあります。そして教員側が人生訓などを持ち出さなくても、その後の卒業までには大きな成長をその学生から引き出せることを経験しています。

2．肯定的関心を持つ

傾聴するのが大切ですが、部下が上司に対して心を閉ざしている場合、うまく話をしてくれないこともあります。

たとえば、大抵の部下たちは「自分は上司に批判されるんじゃないか」「ダメなところを指摘されるんじゃないか」という不安を持っています。また、心を閉ざしている部下は、基本的に上司が自分の話に同意を示してくれるとは考えません。

そこで大切なのが**「同意を示してコネクトする」**という方法です。

教育評論家としてテレビでも活躍されている尾木直樹氏は、生徒がなにか問題を起こしていても叱りつけず、「どうしたの？」と尋ねるといいます（そのため、生徒からは「どうしたの先生」と呼ばれていたそうです）。

あるとき、学校の生徒が窓ガラスをモップで割りまくっている場面に遭遇した尾木氏は、叱ったりせずに「どうしたの？」と尋ねました。すると生徒は「朝、母親とケンカをしてイライラしていた。それでも学校に遅刻しないように急いで登校したのに、学校の正門で生活指導の先生から怒られた」

ということを話しました。そこで尾木氏は

「そりゃあ、大変だったねえ」

と、その生徒の話に同意を示しました。すると生徒は自分で割れたガラスを拾い集め、「先生、中3にもなってこんなことしていたら恥ずかしいですよね」と自ら口にしたのです。

部下の話を聴いていると彼ら、彼女らが社会人として明らかに間違った認識を持っていたり、甘えであったり、不合理な行動をとっていたりすることがあります。でも、上司はすぐさま正面から反論したり、ダイレクトに指摘したりするのは避けたいものです。

まずは、**どうしてその人がそのような思考・行動をしてしまったのかを主観や感情をいれずに冷静に多面的に理解しましょう。**そしてもし、相手の話のなかの一部分でもいいから、心情的に共感できる部分があれば、まずはそれに同意を示してみてください。

現代は働き方改革が推進され、時間効率や生産性が最重要視されています。部下の話をじっくり聞いている時間的、精神的な余裕がないとの反論もあるでしょう。

しかし忙しい、忙しいと口癖になっている管理職や経営陣で部下たちから信頼を得ている人たちはほんの一握であろうという印象を私は持っています。忙しい上司がじっくり話を聞いてくれた、その認識だけでも部下たちには言葉を超えた励ましとなり、モチベーションアップへの近道となるのです。

3．共感的理解をする

これと合わせて効果的なのは、相づちを打つときに共感の意を示すことです。

たとえば、次のやり取りを見てください。

〈取引先A社への連絡が遅れて、A社を怒らせてしまった部下に話を聞くケース〉

上司「A社の人が怒っていたけど、どうしたんだ？」

部下「A社は要求が多いんです。本来なら必要なさそうな情報まで事細かに報告しろって言ってきます。しかも、その言い方も上から目線で、完全に下働き業者のように扱います。ぜんぶ言うことを聞いていたらきりがありません」

上司「たしかに、A社はちょっと細かいんだよね。付き合いづらいのは事実だと思う（同意）。要求が多いからレスポンスしきれないということなんだね（思考の共感）。格下に見られるのも、たしかに癪だな（感情の共感）」

共感の意を示すとは、相手の言葉をオウム返しにすればいいわけではありません。相手の「思考」と「感情」を汲み取り、そこに共感を示す必要があります。

ただ単に部下の言葉をオウム返しにしているだけだと、部下はそのことを敏感に感じ取り「ちゃんと話を聴いていない」と反発を覚えてしまいます。

4. 非指示的アプローチをとる

人間は自分が間違っているとわかっていても、それをなかなか認められないものです。とくに、他人から間違いを指摘され、考え方や行動を「変えろ」と指示されると、どうしても反発心を抱いてしまいます。

自己愛が強く、プライドの高い人間だとなおさらそうです。そういう相手に対して指示的アプローチをとると、効果がないばかりか、逆効果になってしまいます。「君のここが間違っている」「君のこういうところは、こういうふうに直したほうがいい」という指示的な言葉が、関係を悪化させるのです。

とくにまずいのは、「それは常識だろう」「一般的にもそうだろう」などのフレーズを交えてそのように指示、命令することです。

私はこの上司の口癖がいやで離職したい、という一流企業の優秀な社員からの相談も経験しています。

その上司も経営層からは評価が高く昇進が早かったのですが、部下の離職が多く本人も悩むようになり、その後にやはり転職しています。傾聴スキルを高めるようなコーチングを受けていれば双方が成長したであろうと思い、残念な印象だけが残りました。

非指示的アプローチとは、「どうすれば、部下にそうさせることができるだろうか」と考えるのではなく、**「どうすれば、部下はそうしたくなるだろうか」**と考えることです。

たとえば、書類の作成でミスが続いた部下に対して「何度も同じミスをするなよ」と指示を出すのではなく、「なんで同じミスが続いちゃったんだろう」と問いかけてみるのです。

そうすることで、部下自らが自分の失敗の原因を考え、気づき、修正するようにうながすことができます。

最後のひと押しが必要な場合は？

ベストなのは、ここまでで説明してきたように、傾聴と共感、非指示的アプローチで部下本人に自ら修正してもらうことです。

ただ、私の経験上、それでも3割程度の部下は自分で変わる意思を表明するところまでは至らず、「もうひと押し」が必要です。

ただし、この場合でも指示的アプローチに頼ってはいけません。最後の最後で「〜がダメなんだ」「〜しなさい」と指摘・指示してしまっては、それまでの苦労が水の泡になってしまいます。

では、どうすればいいのでしょうか。

ここで効果的なのは、**「私は～だと思う」「私は～だと感じる」**と、あくまでも自分の気持ちを表現することです。

たとえば、部下が上司や会社に対する批判を口にしたとしましょう。その場合、そうした批判に対して自分の意見を表明して論争してはいけません。

というのも、たいていの人は自分の考えが正しいと考えるものだからです。そもそも、上司と部下で論争をした場合、圧倒的に有利なのは上司であり、部下は抑え込まれることが多くなります。そうすると、部下は「力で抑え込まれた」と感じ、自ら変わろうとする意欲を失うのです。

相手の意見に対して気持ちで対応するというのは、**「ちょっとびっくりしている」「いまの話を聴いて、戸惑っている」**などを口にすることです。

上司が正直な感情を吐露することによって、部下が「言い過ぎたかもしれない」「自分がワガママな部分もあるかもしれない」「自分が間違っているかもしれない」と考えるようになるのです。

叱り方の極意「かりてきたねこ」

叱ることは極力避けるべきですが、それでも、どうしても叱らなければ相手の言動が変わらないこともあります。そこで知っていただきたいのが、言動がパワハラと言われるリスクを抱えないような部下や学生、子どもへの叱り方です。

私が考案した、叱る際のポイントの頭文字を合わせた**「かりてきたねこ」**という方法があります。最近はマスメディアでも広く紹介され、海外のメディアにも取り上げられましたので、外国人に対しても通用するはずです。ただこのフレーズは初めて知るという読者も多いと思いますので、解説したいと思います。

か　感情的にならない

「怒る」と「叱る」は違います。「怒る」は感情だけが先行し、理性が働いていない状態です。クルマだとブレーキもハンドルも動かない、恐ろしい状態です。

これに対して、「叱る」はその逆で、血圧は上がっているかもしれませんが、理性が先行し、感情はセーブされている状態。30代になったら、感情で「怒る」のではなく理性で「叱る」ことをスキルとして身につける必要があります。

怒りの感情が高まっているときは時間を置き、感情の波が収まるのを待つことも必要です。午前中に腹が立ったミスも、午後には許せることが多いものです。

り　理由を話す

なぜ叱るのか。その理由がわからないと、部下や相手は「八つ当たりだ」「自分を嫌っているからだ」などと誤解することがあります。現代は説明責任が重要な時代です。遅刻を繰り返す学生を叱るときも、なぜ遅刻が問題なのかを説明しないと納得しない学生が増えているのです。

部下だからと以心伝心を期待せず、「同じミスを繰り返してほしくない」「そこを直せばもっと成長できる」などと、はっきりと伝えることが重要なのです。

て　手短に

しゃべりすぎは上司になったら禁物です。長い説教のような叱り方では、伝えたいことの焦点がぼやけます。言いたいことをあらかじめ整理し、効率よく伝えましょう。とくに、叱る原因とミスの因果関係に焦点を絞って話し、今後はどうしたら良いと思うのかを、本人に語らせることが重要なのです。

き　キャラクターに触れない

部下や相手の外見や、言動のクセ、特徴、性格や人格を否定、揶揄《やゆ》するような言葉は、相手を深く傷つけ、職場では「レッドカード」になります。冗談でも許されないと心がけましょう。相手のミスと性格、人格とは切り離して考え、性格、外見、個性や特徴には触れない原則を理解することが重要です。

た 他人と比較しない

他人と比較することは、その人の自尊心をひどく傷つけることが多いです。かつての日本の教育のように発奮させようと同期や同僚などを競争させ、比較、順位を持ち出すのは逆効果です。

私は日本の企業の要請で中国、タイ、インドなどでもハラスメント対策での講師の経験があります。現地の人事担当者からも、いまの若い世代の社員たちは他人との比較をとても嫌う、それは離職の原因にもなりやすいとのコメントを実際に得ています。「かりてきたねこ」は現地語に訳すことはできませんが、その内容はそのまま通用します。

現代人は人事評価にもとても敏感であり、より細かいフィードバックが上司から必要な時代です。ところが働き方改革で忙しくなり、しっかりと時間を取ることができません。手短に同期や後輩たちとの比較から発奮させようとする中高年の上司がまだまだ多く、たいていの場合は失敗につながりますので、注意したいポイントです。

ね　根に持たない

管理職になったら、部下を叱った翌日には、そのことをまったく忘れたかのようにふるまうことが重要です。同じことを何度も蒸し返し、繰り返して叱るような「くどい」「しつこい」ことはやめましょう。

ホンダの創立者の本田宗一郎氏は部下たちからはとても慕われた人として有名です。彼は烈火のごとく部下を叱ることがあっても、翌日はまったく覚えていないかのようにその部下に接したと言います。

部下や他人のネガティブなイメージを根拠なく「根に持つ」こと、あるいは逆に根拠なく評価を高めて固着する「ひいき」のようなことは自分でも気がついていないのです。それは上司が色眼鏡をかけて部下を見ていることになるので、注意が必要です。

こ　個別に叱る

ほかの人が見ている前、たとえば朝礼や会議中などですが、そのような場で叱るのは避けたいことです。昔の日本の職場ではその発想は逆でした。

別室、小会議室に呼ぶなどして、個別に面談の場を設けるようにするのが重要です。大学でも教室内で授業中にほかの学生の前で叱責するとふてくされたり、翌週から欠席したり失敗につながるケースが多いことも私は経験しています。

個室に呼び出して「かりてきたねこ」のルールで叱れば、ほとんどの学生は素直に応じてその後の経過は良好となることが多いのです。

6タイプの部下で見る傾聴のポイント

過去の私もそうでしたが、多くの人はそんな傾聴よりもズバッと指示して叱ったほうが簡単だし、実際に部下もハッとして変わる、と感じてしまう人もいると思います。

たしかに、指示的アプローチでも、実際に部下は変わります。私もそう思えるケースを、過去の部下たちや、学生たちでも見てきました。

ただ、その動機を考えると、結局「上司の指示に従ったから」そのように変わったのであり、自発的な行動ではありません。そのため、結局シチュエーションが変わったりすれば、部下は同様の行動を繰り返し、そのたびに上司が叱らなくてはいけないはめになるのです。

傾聴はたしかに、面倒くさいやり方に感じるでしょう。しかし、**このやり方をとると、部下が自ら自分のダメなところに気づき、自分で修正するように変化するのです。**これが大きなポイントです。

とはいえ、相手も人間なので、言動の傾向などによって注意するべきポイントが変わってきます。ここでは部下を6タイプに分けて、それぞれの対策を説明していきましょう。

1．不満を並べる部下

相手の話を傾聴していると、それに乗じて溜め込んでいた不満をどんどん並べ立ててくることがあります。

こういう不満を聴いていると、未熟で的はずれに感じることもあると思いますし、自分の管理能力を否定されているような気がして、イライラしてきてしまうこともあると思います。

こんなときによく犯す間違いは「こういうふうに角度を変えてとらえてみたら?」「経験上、そういうときはこうしたほうがいい」という言い方をしてしまうことです。基本的に、こうした部下が求めているのはそうしたアドバイスではないのです。

この手の部下が欲しているのは「同意」です。彼らの気持ちの中には、「どうせ言っても認めてもらえないだろう」という諦めがありますから、そこで意外にも上司が同意してくれると、あっさり不満を取り下げて自然な態度に変わります。

2．生意気で批判的な部下

傾聴していると、自分の意見を振りかざして上司や会社に批判の言葉を述べてくるケースもあります。「上司や会社は間違っている。自分のやり方が正しい」という主張です。

この場合も、批判の応酬をしたり、反論を繰り出したりするのは得策とはいえません。ますます相手の武装は固くなり、関係性が取り返しのつかないものになってしまいます。**こんなときには相手に同意を示した後、思い切って相手にアドバイスを求めてみるのが効果的です。**

たとえば、「○○さんは畑違いの部署から異動してきて、なにも実情を知らないままマネジメントしようとするから、僕らは困っているんですよ」と言われたら、次のように返してみるのです。

「たしかに、私は畑違いの部署から来て、この部署のくわしい内情を知らない。そのせいで困らせることもあって、申し訳ないと思っています。ちょうどいい機会なので、あなたの知っていることを教えてくれないでしょうか」

相手にアドバイスを請うというのは、その点において、上司が部下よりも下の立場に立つということです。職能上の立場は変わりませんが、このような言い方をされて、批判を続ける人は少ないでしょう。

3．頑固な部下

同じ注意を何度しても、自分の仕事のやり方を変えようとしない部下に困っているという声はよく聞きます。こういうタイプは不満や批判を口にするわけでもないので、なにを考えているのか不明瞭なのが厄介です。

この場合、**部下の心情を想像し、それをさもわかっているような形で聞いてみると、相手の考えが引き出せます。**

たとえば、頼んだ仕事は途中で一度確認させてほしいと再三言っているにもかかわらず、完成してからしか見せてこない部下がいるとします。そんな部下には、次のように声をかけてみるのです。

「途中で見せるのはいちいち面倒くさいよね。たぶん君もそう思っていると思うんだけど」

そうすると、意外と部下からは「いえ、面倒くさいとは思っていないのですが……」などという言葉が返ってきたりします。

ポイントは、ここですぐに「じゃあなんで？　理由を教えてほしい」とうながさないことです。そのように質問すると、相手の心理的武装が復活して、理由を話してくれなくなってしまいます。

「仕事が完成してから修正が入ると時間がかかるし、このまま進めていいのか不安になることもあると思うんだ。君が安心して、手間がかからないやり方で進めてほしいんだけどね」

このように、あくまでも相手の考えを探りながら共感を示していくと、やがて本当の理由を、部下自らが話してくれるようになります。

「勢いに乗っているときに途中で修正が入るとけっこうショックで……。勢いが折れてしまうので、ガーッと終わらせたいなと考えてしまうんです」

このように、**部下自らが理由を話せば、もう問題は解決したも同然です。**なぜ途中で見せてほしいのかという理由はすでに上司から説明しているわけですから、部下自らが自分のやり方に疑問を抱き、変わるケースがでてくるのです。

4. 難しい要求をしてくる部下

相手の話をひたすら引き出そうとすると、実現が難しそうな要求をしてくる部下がいます。最近では「モンスター社員」という言葉もありますが、周囲への配慮もなく、自分の要求が通らないと業務を疎《おろそ》かにするようなタイプです。

ここでダメなのは、たとえ相手の欲求が理不尽で実現が到底不可能なことでも、その場ですぐに「ダメだ」「無理だ」とむげには否定の返事をしないことです。どんなに無茶な要求であっても、**「ちょっと調整する時間をくれる？」「ちょっと考えてみるよ」**と、相手の要求をクッション付きで受け止める姿勢が大切です。

これには3つのメリットがあります。

まず1つは、その場で答えないことで、要求を断る理由をしっかり練る時間が作れる点です。

2つ目は、一度は検討したという姿勢を示すことで、部下の自尊心を満たして満足させられる点です。

そして3つ目は、時間を空けることで、部下の要求の気持ちを低減させられるという点です。そもそも部下自身、明らかに妥当性のない無茶な要求であると、自分で少なからず自覚していることもあります。それを、その場のノリや勢いで言ってしまっていることもあるわけです。

5. 泣き出す部下

これは女性や若手の男性でも多いのですが、ちょっときつく注意しただけで泣き出す人もいます。相手が泣き出してしまうと、上司としても動揺して、どう対処すればいいかわからなくなることがあるでしょう。

この場合、ちょっと極端なものの言い方ですが、**「涙は心の汗のようなもの」と冷静に考えて、汗（涙）が引くのを待つのが最適です。**むしろ、一度涙を出してそれが引くと、本人は気持ちがスッキリして冷静になるケースがあります。

サッカーなでしこジャパンを率いた佐々木則夫元監督も、選手を指導するときに泣かれてしまうことがあったようです。それでもその場では動揺せず受け止め、しかし時間をずらして同じ話をすることで対話を継続させ、改善へのステップをとると語っています。

6．黙りこくる部下

すぐに黙り込む部下もよくいますが、これは大きく2タイプに分かれます。

1つは、反抗的にむくれているパターンです。要するに拗《す》ねているのです。この場合は、相手の感情を想像して共感し、最初に**「それはつらいよね」「それはたいへんだ」**などと反応します。続いて前述した相手の話を引き出すパターンで解決します。

もう1つが、自分のミスや失態で叱られると考え、ちょっとしたパニックに陥っているパターンです。これはとくに真面目で動揺しやすい性格の人に多いです。学校で教員から叱責された経験もなく、ほめられることが多い時代なので、単に叱られ慣れていない若者層が現代では少なくありません。

動揺しやすい部下に対しては、たとえば話を始める前に「君を責めるつもりはない」という意思を言葉や態度で先に表現しておくことが効果的です。

カリスマと呼ばれるような社長やリーダーは、自分の実績より失敗談を話のネタとして多くストックしています。ある離職率の低い大手企業の社長は入社式でもそんな失敗ネタを披露しています。

一方で離職率の高い企業では入社式で「自立が重要だ」などとお決まりの訓示をするケースが多いのです。それを口にするトップ自身が皮肉なことに大組織のなかでエリート街道を進み、事実上の自立した経験がないケースがあります。それでは新人たちも察する能力がありますから、馬耳東風、たいくつな心理の状態になるのは責められないのです。

部下の話を聞く時の12の小技

基本的には**「傾聴する」「肯定的関心を持つ」「共感的理解をする」「非指示的アプローチをとる」**を覚えておけばいいのですが、それでもうまくいかないという人のために、覚えておくと便利な小技をお伝えしておきます。

これらを留意しておくと、傾聴がよりスムーズになるでしょう。

1.「だけど」「でも」などの逆接を使わない

これは同意、共感の意を示すときに、ついつい続けて言ってしまいがちな間違いです。たとえば、

「仕事の量が多くて大変だったんだよね（同意）。だけどさ、そういうときは人に任せられるところを任せても良かったんじゃないかな」

という言い方。相手のことを気遣ってはいますが、折れやすい部下の場合、「だけどさ」以降のメッセージを命令・非難と受け取ることもあるのです。

自分の結論、意見を焦って最初に口にしてしまうと、それで部下の口をつぐませてしまうことになります。あくまでも同意、質問という形で、辛抱づよく部下本人から解決策を引き出すようにしなければいけません。

とくに早くから管理職になる人は優秀な人物ですが、短気でせっかちな人が多いですから、それを自認して、時間をかけて改善しなくてはいけません。長期的にはリーダーの素質としてそれが大きなデメリットとなるからです。

2. アイス・ブレイクから始める

面談をするときなどは、いきなり部下が心理武装してしまうような話題から入るのはよくありません。むしろ最初の会話は、仕事とは関係のない、他愛のない世間話から始めたほうがいいでしょう。このように、氷を溶かすような話題がアイス・ブレイクです。

業務に関すること以外の世間話、無駄話などを非効率だと考えている上司に限って、部下へのリーダーシップが空回りしています。最近は個人情報の管理が厳しいですが、週末のネタ話、相手の家族関係や出身地の話題、趣味の話題など、どうやっても対立関係にならないような話題から始めるといいでしょう。

私の知人で、グローバルに活躍するある超エリートの人物がいるのですが、毎日通勤時に駅の売店でスポーツ新聞を購入していると教えてくれた人がいます。どうでもいい話題のストックを補充しておくわけです。

彼は部下や取引先に絶大な人望と人気があり、部下の離職もほとんどないようです。やはりカリスマクラスの人物は苦労人の一面もあり、人知れず世情に通じるための努力をしているのだろうと想像します。

3．言い争わない

アメリカや中国などの会社では、お互いに自分の意見を主張しあい、時には鋭く相手を批判するディベートも重要なコミュニケーションの手段として認知されています。実際、私もアメリカのペプシコ本社に勤めていたときは、全員がMBAを取得しているような部内のメンバーと激論を交わしたり、中国の企業と商談するときに激しく意見を交わしたりしていた経験があります。

ただ、彼らは文化的にビジネスのことであれば、そのディベートをスポーツのゲームの一種のようにとらえているかのような印象です。そのため、お互いの着地点やフェアなルールを見つけ出すのがうまいですし、議論が終わったあとはさわやかに相手を称えることもできます。

さらに言えば、中国では激論しないと相手を信用しない面もあります。流行語にもなった「忖度《そんたく》」は、海外でもゼロではありませんが、ビジネスの交渉では入り込むことはないのです。

正直な話、私はグローバルビジネスの現場で、そこまで器が大きくはなれませんでした。**日本人の皆さんがそこまでグローバルに通用するディベートの技術を習得するメリットや活用する機会は、ケースにも依りますが、それほどはないと思います。**

私がアメリカの外資系企業で働いていたときも、中間管理職で、相当ストレスフルな環境であるはずなのにいつもニコニコ温和な友人がいました。彼もまた、議論しないタイプの人間ですが、そんな彼もその後の昇進スピードはすこぶる速かったのでした。

そんな経験から、グローバルなビジネスでも言い争い好きな性格や言動にはメリットはほとんどない、というのが私の考えです。とくに部下との対話において、議論で勝っても相手の心情を変えることはグローバルな場面でもできないと思います。

4．上司も間違うことを認める

部下に自分の感想や意見を伝えるときは、次のような枕詞を使うと効果的です。

「自分もよく間違ってしまうんだけど～」

「変なこと言っちゃうかもしれないけど～」

「勘違いかもしれないけど～」

このように、自分の言葉が間違いである可能性があることを最初から認めつつ話を切り出すクッションのような言葉は、一定のしかも確実な効果があります。

相手の心を開かせ、寛大にさせ、一度は上司の言葉を聞こうという気にさせるのです。そのようなクッション言葉は上司こそ意識してストックしたいものです。

5．失敗談を語る

普段から自分の失敗談を笑い話にしながら語るのも効果的な方法です。「そんなことを話したら部下にナメられる」などの心配は一時代前の管理職の発想であり、不要です。

私もペプシコにいたとき、上司が語ってくれた失敗談があります。その人は、優秀でかけがえのない部下をちょっとしたミスで叱りつけてしまい、その部下の転職のきっかけにしてしまった経験があったそうです。そのことをずっと後悔し、思い出すと私に言っていました。

その上司は非常に優秀で大きな実績を残した人物だったので、そんな人でもトラウマのように失敗を引きずってしまうものなのかと、驚いた記憶があります。そして、そんなパーソナルな失敗談を部下の私に披露してくれたことで、好印象と安心感を強く抱いたのを思い出します。

また、ウェザーニューズ社を創設した故・石橋博良《ひろよし》氏は、豪邸のご自宅に何度か私を招いてくださるなど、親身なご指導をしてくださいました。世間からも広く尊敬されたカリスマ経営者ですが、自分の成功談の多くは語らず、逆に失敗談を笑いながら披露すると、どんどん熱が入るタイプでした。

上司が自分を学歴、経歴で飾ろうとして見える形でのプライドを持っていると、部下も影響されることがあります。同じようにつまらないプライドを持って、ミスを隠したりごまかしたりしてしまうようになるのです。

自分の失敗談をネタとして笑って話せるくらいの度量を見せることで、部下も自らの失敗を認めやすくなるのです。コンプライアンスや物理的な事故を起こす企業の体質の遠因にも、ダイバーシティ（多様性）や安全管理が口先だけであり、経営の本質が変わらずにそのようなことがあります。

企業の評価が業績にばかり目が向き、組織心理が軽視されてきたツケが、事故などにより大きなツケとなり、表面化されてしまうのです。

6．部下に教えを請う

もしも上司が知らないことで、部下が知っていることがあるなら、積極的に教えてもらいましょう。知らないことを知ったかぶりすることほど、みっともないことはありません。

上司が素直に知らないことを聞く姿勢を示すと、それが部下にも伝播します。つまり、部下も知らないことがあった場合、上司に自然体で質問することができ、組織力が醸成されるのです。

7．部下に勝たせる

なにか部下に意見やアイディアを求めたとします。そのとき、部下の提案したことがあなたの頭の中にすでに思い浮かんでいたことであっても、そんなことはおくびにも出さずに、部下が発案した意見・アイディアとして採用してしまうのです。これが「部下を勝たせる」ということです。

相手に勝たせる、というのは人間関係を良好にするための鉄則です。部下だって、自分の発言がそのまま役に立ったと感じれば、嬉しくなります。

8. 座る位置に気をつける

カウンセリングの現場では、カウンセラーはクライアントに対してどのような位置に座るかなど、雰囲気作りを重視します。

たとえば、正面で向き合って座ると、どうしても部下は威圧感を抱いてしまいます。そこで、そっと斜めに向き合う位置取りにするだけで、その威圧感を大きく軽減できるのです。

また、部下と話をするときにはジャケットを脱いだりネクタイを外したりして、ちょっと崩した服装にしておくと、くだけた雰囲気を演出できます。

9. 相手の目を見すぎない

目をじっと見ていると、これでも相手は威圧感を感じてしまい、話しづらくなってしまうものです。かといって、まったく違う方向に視線を置いていると、「自分の話を聴いているのだろうか」「興味がないのだろうか」などと不安を抱かせてしまいます。

相手の目を見続けるのではなく、「相手のあご、鼻先、首や耳を見る」と、相手のほうを見ながら、威圧感を感じさせない視線になります。

それともう1つ、カウンセリングでは**「相手の顔に5秒、そらして3秒」**を繰り返すのが、相手にとって話しやすい目線だとされています。相手のあご、鼻先、首や耳に目線を置いてから5〜10秒、相手の顔からそらして3〜5秒、それからもう一度相手のあごなどを見る……というのを繰り返します。

もちろん、秒数を厳密にカウントする必要はありませんが、それくらいの間で、視線をゆったり動かすと、挙動不審にも見られず、自然です。

10. 姿勢に気をつける

腕を組んでいると威圧感を与え、警戒や拒否、武装の印象を相手に与えるので、やめましょう。また、頭の後ろで手を組むと、相手を見下ろすような視線になるので、高圧的にとらえられることもあります。手は膝の上や机の上に、自然な形で置くのがベターです。

また、私がワークショップやコーチングで管理職の方と話していると、後ろにふんぞり返る姿勢の部長や支店長がいます。前のめりすぎても良くありませんが、横柄にならないような、真摯な印象を与えるきちんとした姿勢にしましょう。

11. 相手の名前を呼ぶ

相づちを打つときに効果的なのは、適度に相手の名前を入れることです。「なるほど、山田さんはそこでそう感じたのね」といった感じです。

相手の名前を組み込むと、きちんと話を聴いていることが相手にも伝わりやすくなります。また、会社によっては職位（部長、課長）で相手を呼ぶこともあると思いますが、**職位にかかわらず「さん付け」で統一したほうがいいでしょう。**

「くん付け」も、かつてのピラミッド型の職場では距離感を縮める効果もありました。しかし最近は成果主義によって年少者が職位で上になってしまうこともよくあります。転職の時代では年少だったり経歴でも短い上司が突然赴任することも日常茶飯事です。

そうすると、**最初は「くん付け」で呼んでいた部下が、いつのまにか上司になって「さん付け」で呼ばざるを得ない状況もあるわけです。**江戸時代の参勤交代をもじった「さん・くん交替」と言い直し、私はよく講演で紹介しています。この言葉の出典は不明ですが、笑えない名言だと思います。

こんなことを経験したくないのであれば、これからの時代は新人にも最初から「さん付け」で社内ルールを統一したほうが良いのは明白です。また、最近はLGBT（レズビアン、ゲイ、バイセクシャル、トランスジェンダー）対策もあり、「くん付け」「さん付け」の区分けが難しいケースもあります。大学でも教員は学生に対して「さん付け」を原則とするところが増えています。

12. 話の時間を指定しておく

上司と部下が話をする場合、どのくらいの時間がかかるものか、部下も最初に把握しておいたほうが心理的に楽になります。

もちろん、最初に提示した時間から伸びてしまうのはいけません。**「30分いいかな?」と話しかけたら、30分以内で終わらせるようにしましょう。**最初に時間を指定しておくことで、上司のほうも、その時間内で話を終わらせるための準備ができるはずです。

第3章まとめ

＊よきマネージャーは部下の話をよく聞くカウンセラーであるべき

＊叱ることは高度なので、よほどの場合でない限り、やらないほうがいい

＊相手の話を聞くときは口を出さず、肯定的に興味を持ち、共感し、どうするべきかを本人に気づかせるのが大事

＊どうしても叱らなければならないときは、「かりてきたねこ」のルールに従う

＊部下のタイプを見極め、少しでも相手が話しやすくなるようなテクニックを駆使して、傾聴に徹するのがよきマネージャー

第4章

40代から伸びる人は体調管理を徹底する

疲れは「4つのA」でチェックする

30代のうちにマスターしておきたいことの1つに、疲れの予防と回復がありま す。ビジネス領域に重心を置いている人はここを疎かにしがちです。

仕事にかまけて睡眠時間が減り、不規則な食事や運動不足などがたたると、仕事のパフォーマンスも目に見えて低下しますが本人は気がつきません。20代くらいならちょっと無茶をしても乗り切ることはできるでしょうが、年齢を重ねていくと、それができなくなります。

また、**疲労は肉体だけではなく、精神的なものにこそ注意が必要です。**肉体疲労は自分でも感じたり把握したりするのは可能ですが、精神的な疲労は自分で気がつくことは難しいのです。うつ状態にまでなると、自分で対策が思いつけなくなるほどの脳の疲労につながり、自殺ですべてをリセットしたくもなったりします。

肉体の疲労と精神の疲労は、互いに影響を与え合うものです。体に疲労がたまると精神的にも疲れやすくなりますし、精神的に弱った状態だと体も疲れやすくなる、といった具合です。

自分の疲労状態を手軽にチェックするには、**「4つのA」**があります。

アルコール（Alcohol）

お酒を飲まないと眠れない、疲労などをアルコールで紛らわすのが習慣になっている、飲むと泣いたり、笑ったり感情の起伏が激しくなる。

アブセンティーイズム（Absenteeism）

これは英語で「欠席・欠勤」を意味する言葉で、遅刻や早退、すっぽかし、ドタキャンなども含みます。

アクシデント（Accident）

ミスや遅延、納期の遅れなど、事故につながりかねない不注意やポカミス、カッとしての暴言、暴力も含まれます。

アノイアンス（Annoyance）

これは「いらつき」を意味する言葉。ほかにも焦燥感、泣き言、ケンカ腰、苦情、日常的なハラスメントなどが該当します。

これらのことが該当する場合、精神的な疲労状態にある可能性が高いでしょう。

心身ともに健康であり、元気であることは、「ワーク」「ライフ」、そして「ソーシャル」を加えたトータルでのライフバランスの土台となるところです。そのため、自分である程度の身心のコンディショニングの知識を持ち、それを管理する習慣を身につけることが非常に重要です。

このような習慣を身につけるための本も多く出版されています。ただ読書だけでは三日坊主に終わる人も多いので、本来であればコーチング（第6章で詳述）が重要なのです。

日本では業績達成やリーダーシップ向上のためのマネージャー（候補）向けのビジネスコーチングが多いのですが、欧米ではワーク・ライフバランスを見据えた、日頃の根強い悪習を取り除いていくためのエグゼクティブコーチングも多くあります。日本でもこのようなエグゼクティブコーチングが企業で広まりつつありますが、もともと日本のビジネスではそのような文化がないので定着にはまだまだ時間がかかりそうです。

睡眠は6時間では足りない

疲労の予防・回復においてなによりも大切なのは「睡眠」です。もっとも基本は「夜になったら早めに寝て、朝になったら決まった時間に起きる」ということ。これは、人間の体がそもそもそういうふうにできているからです。

私たちの体には体内時計があり（脳内の視床下部の視交叉上核に存在します）、「サーカディアン・リズム」というものをつくっていると言われています。

これは地球の自転と同程度とされていて、人間のみならず、ほとんどの動物が持っているようです。人間の場合、個人差はありますが、サーカディアン・リズムは24時間よりも若干長いため、微調整していく必要があります。

このサーカディアン・リズムを調整する役割を担うのが、メラトニンです。脳内の松果体《しょうかたい》という組織で生合成されるホルモンで、催眠作用があります。

夜間、光を浴びる量が少なくなると、メラトニンの分泌量が増えて、私たちは眠くなります。夜になっても光を浴び続けると寝付きが悪くなりますし、カーテンを閉め切ったまま寝ると、朝の日光が部屋に入らず、寝起きが悪くなります。

睡眠時間は、一般的には6~8時間とされますが、個人差があるため一概には言えません。同じ人間でも、年齢とともに必要な睡眠時間は変わります。

ただ、いわゆるショートスリーパーなど、よほど特殊な体質でない限り、**睡眠時間は8時間とったほうがいいでしょう。**ワシントン大学の研究チームによって行われた研究によれば、2週間毎日6時間しか寝なかったグループは、8時間寝たグループに比べて明らかにパフォーマンスが低下したからです。

6時間寝れば十分だと考えている人が多いですが、本人たちはパフォーマンスが低下していることに気づいていません。

自分の睡眠をウェアラブル端末で計測しよう

自分に適した睡眠時間を計測するには、ウェアラブル端末を利用して自分の睡眠の長さと質を測るのも効果的です。

私は腕に装着するタイプのウェアラブル端末と、スマホのアプリを併用して、自分の活動量だけでなく、睡眠時間、自律神経の状態、心拍、呼吸などを24時間測定して記録を残しています。

ウェアラブル端末は過去にエプソンやフィットビット、中国製など5つ購入していますが、どれも一長一短でした。しかし最近のツールは価格も手頃で、驚くほど正確に私の睡眠の状態を記録し、ほかのユーザーとの比較分析もしていきます。天候、歩数などの活動量、勉強量、勤務時間、はては気圧や標高、月齢などとも相関関係があり、私の睡眠の質はその影響を受けます。過去には手書きのメモなどで管理していましたが、これらのツールでメモも不要となりました。

個人の睡眠や体調の管理は神経質になる必要はありませんが、手軽に意識と良い習慣へのヒントを提供してくれるので、これは30代からのワークとライフをバランスさせていくための大きな武器になります。

これはご存じの読者も多いかと思いますが、睡眠はレム睡眠とノンレム睡眠に分かれます。ウェアラブル端末でその状態の発生パターンを把握することもできます。さらに日常生活での睡眠への意識付けや習慣としては、

- **寝る3時間前までに食事を済ませる**
- **寝る1時間前に入浴する**
- **寝る30分前にはスマホやパソコンから離れる**

・寝る直前にストレッチや腹式呼吸をする

といったことが重要になります。

これらは、体内の副交感神経を優位にするためです。副交感神経は自律神経の一種で、交感神経と対になっているもの。自律神経とは、私たちの意思とは無関係に働き続けているもので、交感神経が体を活発に動かすときに働くもの、副交感神経は体を休めるときに働くものです。

睡眠に入るときに交感神経が優位になっていると、なかなかリラックスできず、スムーズに寝ることができません。

これらの自律神経の状態も、ウェアラブル端末やスマホの無料アプリで計測することが可能な時代になっていますので、睡眠測定のアプリと併用していくと自分の睡眠を客観的に把握することができるようになります。

なお、**平日はなかなか睡眠時間が取れず、土日などの休日に10時間くらい寝るという人もいると思いますが、これは完全に逆効果なのでやめましょう。**

就寝時間や起床時間がずれると、睡眠のサイクルが狂ってしまい、平日に起きるのがますます辛くなってしまいます。

就寝時間と起床時間は、一定の時間の枠のなかで保つべきです。とくに、起床時間を自分の意思に負けて不規則に遅らせるのは避けたいものです。学生などでも遅刻の常習化や時にはうつ病への引き金をつくるケースが見られます。

どうしても休日にたくさん寝たいのであれば、起床時間を遅くするのではなく、いつもより早く寝るほうが効果的です。前日に運動や散歩などを心がけ、体を適度に疲れさせましょう。

これらの習慣づけが簡単ではないのも事実ですが、そのほうが、月曜日の朝になって朝起きるのが憂鬱だということは少なくなります。

疲れをとる食事はビタミンB、鉄分、チロシン

次に食事と飲酒習慣です。

食事では栄養バランスが重要ですが、とくに30代から注意したいのは塩分、糖質、脂質のとりすぎです。最近は糖質制限など、炭水化物を意図的に減らす食事術もありますが、極端に減らすことを私はお勧めしません。バランスと腹八分目。これを守れば、体に悪い、ということはないでしょう。さらには飲酒習慣のバランスコントロールです。

ただ、**疲労回復という意味においては、ビタミンB1は積極的にとりたい栄養素です。**これは糖質を代謝させるときに必要とされ、豚肉や胚芽米、そば、納豆、

豆腐などに多く含まれています。

鉄分も現代人は不足しがちな栄養素なので、意識的に摂取したほうがいいでしょう。鉄分は血液中で酸素を運ぶ役割を果たすヘモグロビンの構成要素なので、鉄分が不足すると、血液を通じて全体に酸素が行き渡らなくなるのです。そうすると、動悸や息切れ、全身のだるさが現れ、集中力の低下などを招くようです。

なお、鉄分は「ヘム鉄」と「非ヘム鉄」に分類されます。鉄分は食べ物に含まれていても体内に吸収されにくい栄養素ですが、ヘム鉄のほうが吸収も良いとされています。

ヘム鉄を多く含むのは、レバーや赤身の肉、赤身の魚、貝類などです（非ヘム鉄を多く含むのはほうれん草や小松菜などの緑黄色野菜、ひじきなどの海藻類、大豆、卵黄などです）。

また、**チロシンというアミノ酸は、精神的な疲労に効果を発揮します。**

チロシンは神経細胞の興奮や抑制を伝達するアドレナリンやノルアドレナリ

ン、ドーパミンなどの神経伝達物質の原料となり、神経や脳の働きをサポートするのです。
アドレナリンやドーパミンは脳を興奮状態にしてやる気を起こさせます。そのため、うつ病の改善、認知症の予防に効果的だとされています。

チロシンが多く含まれるのは乳製品や大豆、魚卵、バナナなどです。また、チロシンは空腹時に糖質と一緒に摂取すると吸収がいいとされていますから、バナナが適しているでしょう。

私はビタミンB6とB12、そして葉酸、鉄分、グリシン補給のサプリを少し服用していますが、一定の効果はあるように思います。これらは100円ショップなどでも気軽に入手が可能です。

また、喜怒哀楽などメンタルコントロールに大きく関係するのが自律神経なのですが、こちらも食事が影響します。私は中国の武漢《ウーハン》市によく調査研究で出張するのですが、そこに暮らす人々は精力的で元気です。彼らは香辛料をたっぷり使った料理をよく食べるのですが、実際、中国の香辛料は自律神経を整える漢方薬として長い歴史を持っています。

日本の食事なら、カレーの香辛料でも同様の効果が期待できます。カレーでよく使われる胡椒、シナモン、ジンジャー、ガーリックなどは体温調整、食欲不振、睡眠障害を改善するとされています。

首が「真っ直ぐ」になってはいないか？

現代人の体でもっとも疲れやすいのは「目」でしょう。デスクワークで基本的にパソコンの画面を見続けている人も多いと思います。あるいは、最近は移動中もスマホの画面を見続けている人が多いでしょう。

そもそも人間の目は、日中は交感神経を活性化させて遠くに焦点を合わせ、夜間などには副交感神経を高めて近くに焦点を合わせるようにできています。

そのため、交感神経が活性化しているときに近くのものを見るのは不自然な状態で、自律神経の疲弊と眼精疲労を引き起こす原因になるのです。

また、最近はスマホの使いすぎによる**「ブルーライト」「ストレートネック」**

なども健康リスクとして問題になっています。

ブルーライトはパソコンのモニターやスマホの画面に使われるLEDが多く発する光で、眼精疲労を誘発するとされます。

ストレートネックは言葉の通り、首の骨が真っ直ぐになる症状です。人間の首の骨は本来、ゆるいカーブを描いて頭蓋骨を支えています。しかし、スマホの画面を見るときのようにうつむいた状態が続くと、無理な姿勢が常態化して、首の骨が真っ直ぐになってしまうのです。この状態になると、頭の重さがダイレクトに首や肩に来ます。

人間の頭はボウリングの球くらいの重さがあるのですが、湾曲した首の骨は、うまくそれを分散させます。ストレートネックになるとそれができなくなるため、血液の流れや神経網などを圧迫し、こちらも眼精疲労のほか、頭痛、肩こりなどの症状を引き起こすのです。

こうした症状を軽くするには、スマホをいつも固定した持ち方をしないようにします。左手、右手に適度に持ち替えたり、重さをささえる指を工夫して移動させたりします。基本は適度に休憩を挟むことが効果的です。

もちろん、働き方改革のなかで集中が重視されていますので、完全にパソコンの前から離れるのは難しいかもしれませんが、数分間だけでも目をつむり、休ませてあげるだけでもまったく違います。またそのようなことを上司が率先して行うことにより、部下たちも実行しやすくなるのです。

パソコンの場合、連続で使用するのは長くても1時間程度が限界でしょう。

1時間くらい作業をしたら、目を閉じたり、背筋を伸ばしたり、胸を反らせて目・首・肩の緊張を取るような工夫をしてみてください。

パソコンでも注意喚起をしてくれる無料アプリも一般化していますし、スマホではそのような時間での集中力を管理し、習慣化するのを助ける「ポモドーロ」というアプリもあり、私も活用しています。ただ最初は簡単にスマホのタイマーをセットするだけでもいいと思います。

「香り」と「歌」がストレスに効く

疲れがたまると、怒りやイライラ、重苦しい感情に支配されてしまうことがあります。ストレスがたまっているときはなおさらです。

ストレスがかかっている状態だと、普段はなにも感じないようなことも歪めて受け止めてしまうため、どんどん感情がネガティブな方向に行ってしまいます。

とはいえ、このような感情の浮き沈みはだれにでもあるもので、それが普通です。ただ、その浮き沈みが激しいと、それがまたストレスの原因になってしまうこともありますから、感情をコントロールする術を身につけておくべきでしょう。

そんなときに効果的なのは「香り」を利用することです。

じつは、**人間が持っている五感のなかで唯一「嗅覚」だけが、脳にダイレクトに働きかける**といわれています。

私たちの脳には大脳辺縁系という、進化の流れとしては昔から持っている「古い脳」と、大脳新皮質という「新しい脳」があります。そして感情を司っているのは、「古い脳」である大脳辺縁系です。五感の中で大脳辺縁系に直接アクセスできるのは嗅覚だけだとの学説もあるようです。

視覚などは、一度、視床下部という部位を通ってから大脳新皮質に情報が流れ、知覚します。人は美しい景色などを見ても感情を動かされますが、理性の壁を通っているために個人差があり、一律には感動しにくいものなのです。

どんな香りが効果的なのかについては好みや経験、印象による先入観がありま す。ただ個人的にはいくつかおすすめがあるので、紹介しましょう。

まず一般的には、イライラしているときには鎮静効果のある**イランイラン**という香りが効果的に思います。これはイランイランという植物から抽出されるエッセンスで、エキゾチックな甘い香りの印象です。

緊張を緩めたいときには、リラックス効果のある**フランキンセンス**。これは乳香と呼ばれる樹脂からつくられるものです。私も中東オマーンでの学会に参加したときに知人の学者から良質の乳香をもらいました。甘さと爽やかさが調和したすばらしい香りで、安眠効果もありました。

反対に、集中力を高めたいなら**ペパーミント**がぴったりです。ハーブとして食用にもされる爽やかな香りです。

カラオケがストレス発散に効果的な理由

また、香りと「歌」をセットにするのは感情を整理するのに非常に効果があると考えています。歌は、とくにカラオケで実際に唄うのが効果的です。

カラオケにはストレスを発散させる**カタルシス効果（心の浄化作用）**がありま す。普段はなかなか出せない声や、同様に普段はなかなか出せない感情表現が、歌に乗せればやりやすいのです。

また、**音楽の歌詞には、作詞者によって感情を表現する言葉、人生へのヒント、人生への応援フレーズがちりばめられています。**「好き」「愛している」「ありがとう」などの言葉です。普段の生活ではこうした直接的な感情表現は照れがあってなかなか口に出せないものですが、リズムにノリながら歌詞を音読するだけなら、一気に心理的抵抗は減らせるはずです。

もちろん、こうした歌詞の言葉は自分自身の気持ちではないですが、それでも口に出すことで効果があるのです。朗読も同じです。このあたりの効果は学会での発表も多く、学術的にもエビデンスがあると言えそうです。

また、**歌うことには呼吸法としての効果も期待されます。**私たちの普段の呼吸は1分間に15～20回程度ですが、カラオケで歌を歌っているときには、1分間に

10回程度の、ゆったりとした深い呼吸になるのです。

深い腹式の呼吸はカラオケに限らず、リラックス効果があります。ゆっくり、深い腹式呼吸をすると横隔膜が動き、筋肉から電気信号が出て脳幹の呼吸中枢を刺激するとの説もあります。すると、脳内ホルモンの一種であるβエンドルフィンなどが放出されるようです。学術的な真偽はともかく、実感としてはそのような効果を多くの人が感じることができると思います。

ただ普段の生活では意識しようと思っても、なかなか深い呼吸を実践できません。現代は職場の仲間とカラオケに行くことは少ない時代かもしれませんが、最近は1人でカラオケに行くことも静かなブームとなっていて、1人カラオケ専用の店舗もあります。

30代であればMr.Childrenなどのファンも多いかもしれませんが、ミスチルはどの世代にもファンが多いようです。カラオケで歌う効用や世代をつなぐコミュニケーション効果はもっと職場でも見直されても良いでしょう。

第4章まとめ

＊自身の健康管理では「アルコール」「アブセンティーイズム」「アクシデント」「アノイアンス」の4つのAをチェックする

＊睡眠はできれば8時間しっかり取り、睡眠の質をウェアラブル端末でチェックしておく

＊欠乏しがちなビタミンB、鉄分、チロシンを摂取し、バランスの良い食事をする

＊眼精疲労やストレートネックを防ぐために定期的にパソコンやスマホの作業を休む

＊脳に直接作用しやすい嗅覚を刺激し、思いっきり声を出せるカラオケなどでストレスを軽減させる

第5章

40代から伸びる人は
ストレスを
自力で和らげる

1人で自分の思考を変える「メンタフダイアリー」

ストレス対策では、1人でも自分と向き合い、自分を変える方法があります。それが、私がライフバランスマネジメント社の社長時代に、臨床心理専門の部下たちと議論を重ねて考案した日記型メンタルトレーニングツール**「メンタフダイアリー」**です。

認知療法を応用したメンタフダイアリーは、紙と鉛筆だけで気持ちのあり方やものごとのとらえ方を変えたり、心を楽にできたり、やがては習慣や行動も変えたりすることができます。

強烈なストレスにさらされることでメンタルは疲労しますし、自分を変えようと思っても、ストレスへの認知パターンや思考、信念が凝り固まっていては難しいでしょう。

私自身も外資系の企業やシリコンバレー流の厳しい出世競争や業績追求の状態に置かれ、強いストレスを経験しました。

シリコンバレーの出張から戻る帰国便のなかでは、毎回のように、自分の限界やビジネスのスピードについて行けず「もうこりごりだ」「メンタルがもたないから転職しよう」と思ったほどです。

ただ、幸か不幸かその経験が、ビジネスパーソンとメンタルという最重要のテーマの1つに気づき、大企業を飛び出して起業するきっかけになりました。

日々、世間を騒がせているパワハラやセクハラも、背景にはメンタルやストレスマネジメントの失敗の問題があるかもしれません。

そして読者の方も、もしいま生産性の低さに悩んで空回りしているなら、やはりメンタルが影響を及ぼしている可能性があります。

落ち込みやすい自分を変えストレスに負けない心をつくるために、これからご紹介するメンタフダイアリーが効果を発揮します。


私たちの思考には「クセ」があります。どうしてもものごとをネガティブな側面からとらえがちな人と、ポジティブな側面からとらえがちな人がいるのです。

日本人の場合なら、ネガティブにとらえる人が多数派だと思います。そして、その自分のストレスに対する思考や認知、解釈のクセを把握するのは簡単ではありません。

一時はマスコミでもクスリより効くと特集が組まれていた認知療法や認知行動療法の世界では、このクセのことを**「自動思考」**と呼びます。

人はストレスフルなものごとを瞬時に自動思考によって解釈し、その結果として感情が生まれます。しかし、自動思考は幼いころからの経験や環境、その後の教育、国や職場の文化などによって影響を受け、形成され身につくものなので、意識することが難しいのです。

自分が身につけているクセ（自動思考）がどのようなものかを知れば、もしネガティブな感情が浮かんできても「これは自動思考のせいかもしれない」と考えて修正することができます。

メンタフダイアリーでは、自分の思考を紙に書きだして振り返るので、考え方のクセを客観的に知ることが可能です。

ストレスと「ストレッサー」

とらえ方のクセによって感情が変わると書きましたが、とくにポイントになるのがストレスをもたらす「ストレッサー」への対応です。

心理学では、心身に変化をもたらす存在を「ストレッサー」と呼びます。そして、ストレッサーによって引き起こされた歪みがストレス（状態）です。

ビジネスパーソンにとっては、仕事のプレッシャーは代表的なストレッサーでしょう。しかし、だからといって仕事を放棄して逃げ出すわけにはいきません。するとジレンマに陥り、イライラや不安、モチベーション低下などのストレス反応が生じます。

頭痛や腹痛、腰痛、不眠といった体調不良のかげにストレッサーが潜んでいることも珍しくありません。

ところが、ストレスへの耐性には個人差があります。ある人にとっては耐えられるストレスも、別の人にとっては限界を超えているかもしれません。

また、**ものごとを客観的、合理的、柔軟にとらえられる人ほどストレスに強い傾向にあることもわかっています。**必要以上にネガティブにとらえる人は、無用なストレスを溜めこんでしまいます。

心を柔軟にしてものごとを肯定的にとらえられるようになれば、ストレスへの耐性は上がります。メンタフダイアリーはその手伝いをしてくれます。

ただし、**ストレッサーは必ずしも悪いものとは限りません。**適度なストレスは生活に張りをもたせてくれます。仕事のストレスから逃げ回っていれば、当然ビジネスパーソンとしての成長は鈍化してしまいます。

たとえば、やりがいのある仕事も一種のストレッサーですが、それによってもたらされる緊張感（ストレス）は仕事のパフォーマンスを上げてくれるかもしれません。まったくストレッサーがない状態では弛緩してしまうでしょう。

メンタルヘルスを害したりする悪質なストレッサーは、「予測・コントロールができないストレッサー」です。

たとえば突然、抱えきれないほどの仕事が発生したとします。あるいはトラブルでも同じですが、これらは予測しておらず、しかもコントロールが不可能ですから、悪いインパクトを与えるストレッサーです。

最大のストレッサーは人間関係

仕事にはさまざまなストレスがありますが、**最大のストレッサーになり得るのが人間関係です。**

機械やソフトは習熟すればまだ理解やコントロールができますが、もっとも理解や把握が難しいのは他人。職場の人間関係ではいつトラブルや軋轢《あつれき》が生じるかわからず、とくに上司や取引先はコントロールが難しいためです。

部下や上司などとの人間関係からストレスを感じるのも無理はありませんが、30代になれば、愚痴や弱気ばかりになってはいけません。心を柔軟にし、上手に付き合うスキルを身につける必要があります。

変化が激しい現代では、昨日までの部下が急に昇進して上司になることもありえます。そんなときに問われるのが、変化を柔軟に受け入れる力です。「アイツは部下だったのに……」「年下なのに……」「俺のほうが経験も職務知識もあるのに……」と一面的な見方にこりかたまった心はストレスを生むでしょう。

ストレスを感じやすい人は、視野が狭く、完璧主義者である傾向があります。「～でなければいけない」「～に違いない」といった考え方をしてしまう人は要注意です。 もちろんいい加減で無責任、すべてに甘く適当すぎては困りますが、バランスがとれたレベルでの「ほどほど」で済ませることがストレスを溜めこまないポイントです。

そうはいっても、それはもう承知しているでしょうし、口で言うほど簡単ではありません。

ただ、「完璧でなければ気が済まない」などのさまざまなものごとのとらえ方、考え方のクセですが、先ほど述べたように、**まずは自分のクセやパターンに気づかなければ、そのクセを直せることはまずありません。**それは一生続くことが多いのです。そのことに気がつくことがどれだけ得策かは、冷静になればよく理解できるはずです。

そこで、自分の考え方を振り返り、客観的に観察できるメンタフダイアリーが役立ちます。メンタフダイアリーは中国でもその書き方が書籍になり、とても多くの書評で評価されています。

次に、メンタフダイアリーを書くにあたって覚えてほしい考え方を説明します。

ネガティブ思考にはＡＢＣＤＥ理論

ものごとのとらえ方を変えると感情が変わるということを説明した理論に、アメリカの心理学者であるアルバート・エリスが唱えた「ＡＢＣＤＥ理論」があります。

Ａ、Ｂ、Ｃはそれぞれ**「出来事（Activating event）」「そのとらえ方（Belief）」「結果（Consequence）」**の頭文字です。この結果とは、生み出された感情や行動のことを指します。

「ＡＢＣ」とは、出来事（Ａ）がそのまま感情に繋がるのではなく、とらえ方（Ｂ）によって結果（Ｃ）が決まることを示しています。

たとえば、あなたが仕事で失敗し（A）、「自分はなんてダメな人間なんだ」ととらえ（B）、その結果仕事へのモチベーションが下がった（C）とします。これがABCです。

ですが、理論にはまだDとEが残されています。Dは**「異議を唱える・論じる（Dispute, Discussion, Dialogue, Debate）」**という意味であり、Eは**「効果（Effect）」**です。

仕事での失敗でモチベーションが下がっても（C）、自分のその考えに第三者的な視点を持ち込み、客観的に異議を唱えて見直し（D）、別のとらえ方ができるようになれば、ネガティブな感情を打ち消す効果（E）が生まれてきます。それがABCDE理論の骨格です。

ABCDE理論に基づくと、仕事の失敗によってモチベーションが落ちたのは、「失敗をした自分はダメな奴だ」と自ら解釈（Belief）したからであるとわかります。

しかし、その認知、解釈、判断は正しかったのでしょうか？
仕事で失敗をしない人がいるでしょうか？
ほかの人は気にしないくらいの小さな失敗ではないでしょうか？
自分の考え方を客観的・冷静に見直すと、果たして落ち込むほどの大きな失敗だったのか、周囲の人が気にするほどの失敗ではなかったのではないか、ということに気づくことができます。

すると、「次は失敗の要因を周到な準備で潰しておこう」などと前向きに考えることができるようになります。

このように、出来事に対して他人からみれば非合理的なとらえ方をしてしまうことで、ネガティブな感情に繋がるケースが非常に目立ちます。

ということは、**合理的な、客観的な思考を身につけることができれば、不要にネガティブになることを避けられる**ということでもあります。

ABCDE 理論

Activating event（出来事）
例：仕事で失敗した

Belief（考え方、とらえ方）
例：自分はなんてダメな人間なんだ

Consequence（結果）
例：仕事のモチベーションが下がる

Dispute（反論）
例：本当に自分はダメな人間なのか？

Effect（効果）
例：失敗の要因を探して次に備えよう

ここが大事！

自分を責めないために「かりてきたねこ」でチェック

私が完璧主義や成功至上主義のような考え方の人をコーチングしていて、とても残念に思うのは、そのような人はエリートを自負し、ちょっとした失敗で自分自身を叱りつけていることです。

それが知らずに、うつの原因となることがあります。そんなときのセルフチェックとして、第3章でも紹介した**「かりてきたねこ」**の語呂合わせのチェックがありますので活用してみてください。

か　感情的にならない

自分自身を「怒る」ことと「叱る」ことは違います。「怒る」は感情が先行し、「叱る」では理性と自己啓発への気持ちが働いています。暴走している感情は腹式呼吸により自らのコントロールも可能です。

り　理由を考える

自分を叱る理由が明確化されていないと、自分に「八つ当たり」「自分を嫌っている」と考え、曲解し空回りします。事前に理由や背景を整理しましょう。

て　手短に

完璧主義の人は「執拗さ」が特徴で、繰り返しが多いのです。自分を繰り返して叱るクセに気がつき、歯切れ良く1回で自分を責めることは済ませましょう。

き　キャラクターに触れない

自分の特徴や外見、自分の人格を自己否定することは自虐の状態であり、行き過ぎと自認しましょう。

た　他人と比較しない

同期や同僚と性別、国籍、学歴、経歴にからめて比較し「○○のほうが優秀だ」などと自分を卑下する独り言や独白は人生のレッドカードです。「比較」というモノサシを出さず、同時に自分をほめる工夫、言葉を探すことを心がけましょう。

ね　根に持たない

「叱りの名人」たちは、自分の失敗を一度は厳しく叱る、でも翌朝には冷静に明るく気持ちを持ち直すといいます。また他人より自分のほうがいつも優秀だ、などの自分への「えこひいき」「過信」「自己愛に溺れる」こともしないといわれます。

こ　個別に叱る

人前で自分を卑下するのは、自分では気がつかないほどに自尊心を傷つけてしまうことがあります。自分にダメ出しをするのは、自分1人だけのときにしましょう。

この「かりてきたねこ」を参考にして、自分を責めやすい性格の是正を行い、自分の成長を自分でサポートしていただければと思います。

自分の感情をパーセンテージで分けてみる

非合理的で、ネガティブな考え方を客観的に分析してみましょう。すると、今後ネガティブな思考に陥ったときにも「これは非合理的なネガティブ思考だな。客観的に見直して修正しよう」と考え直すことができるようになります。

具体的には、**ノートを使って自分のネガティブな感情を細分化し、それぞれ数値化するのです。**こうすることで自分の感情を客観的に見ることができます。

たとえば仕事のことで上司に叱責され、ネガティブな気分になったとします。しかしその感情を「悲しかった」とか「頭にきた」とだけとらえるのでは、客観的とは言えません。

まずは、感情をおおまかでも良いので分けてみましょう。よくよく振り返ると、ネガティブな感情はいくつもの要素から成り立っているはずです。「怒り」「驚き」「屈辱」「不安」などかもしれません。

次に、それぞれの要素がどのくらい強かったかをざっくりで良いので数値化してください。**「怒り70％」「驚き50％」「屈辱80％」「不安30％」と**いう具合です（感情がうまく思いつかない人は、次ページの感情例の一覧を参考にしてください）。

そして最後にネガティブな感情の対象を冷静になり見極めます。

いまの例だと上司が対象であるように見えますが、たとえば自分自身のふがいなさも対象かもしれませんし、人だけではなく制度や習慣、環境が対象であることもあります。

このようにネガティブな感情を細かく、客観的に分析すると、今後似た感情に襲われたときに考え方を変え、過度なネガティブ感情から脱出しやすくなります。

感情例の一覧

ネガティブな感情	ポジティブな感情
怒り	誇らしい
激怒	心地よい
嫌悪感	ワクワクする
悲しみ	落ち着く
驚き	楽しい
恐怖	爽快だ
怯え	愛情
苛立ち	期待感
神経質	恋しい
うんざり	うれしい
屈辱	感謝
傷ついた	自信
落ち込み	希望感
癇に障る	好奇心
不安	奉仕の心
憂鬱	祈りたい
罪悪感	抱きしめたい
恥ずかしい	踊り出したい
困惑	おかしい
死にたい	ガッツポーズ
絶望	優しい気持ち
パニック	心が落ち着く
失望	穏やかだ
寂しい	弾む気持ち
悔しい	気持ちいいドキドキ
虚しい	飛び上がりたい
情けない	誰かに話したい
無気力	あたたかい
不安	熱い
逃げ出したい	モヤモヤが晴れた
消えてしまいたい	やり遂げた
誰とも会いたくない	高いところに到達した
何もしたくない	
考えられない	

メンタフダイアリーの10ステップ

では、いよいよメンタフダイアリーの具体的な手順を紹介します。
まずはノートを用意してください。
ごく普通の大学ノートでかまいません。

1．タイトルをつける

のちのち、振り返ったときにわかりやすいタイトルをつけましょう。「転職の面接に落ちた」「上司とうまくやれない」「夜眠れない」など。

2．悩みを分類する

悩みがどのジャンルかを記します。分類のしかたにルールはありませんが、仕事・健康・メンタル・人間関係・生活などと分類します。

3．悩みの対象をはっきりさせる

悩みには対象があるはずですので、どの対象について悩んでいるのかを明確にしましょう。上司なのか、自分なのか、部下なのか。家族や他人について悩むことも、もちろんありえます。

4．状況を客観的に記す

次に、悩みが生じた状況をできるだけくわしく、客観的に記します。

ここで重要なのは、主観を交えずに事実のみを書くことです。「悲しかった」「上司は怒っているようだった」などと主観的な書き方をしてはいけません。事実だけを取り出しましょう。

「不機嫌な上司に注意され、残業を命じられた。頭にきた」という書き方は主観が混じっているためＮＧです。「上司に呼び出され、〇〇の件について指導された上、残業を指示された」なら問題ありません。

つい主観的に見てしまいがちな出来事を客観的に記すこと自体も、合理的な判断を身につけるためのトレーニングです。

5．感情を数値化する

ＡＢＣＤＥ理論のところで説明したように、その時に生まれた感情を細分化して数値化してください。悩みに関する感情は多くの場合、「怒り」「嫌悪」「悲しみ」「驚き」「恐怖」「落ち込み・不安」の6つに分かれます。

採点は、最悪の状態を１００％とし、そこと比較します。これ以上ないほどのぶち切れそうな怒りが１００％なら、あなたが感じた怒りはその何％くらいでしょうか。

感情は1つではありませんから、「怒り60％」「驚き70％」などと複数の感情があっても問題ありません。数字で厳密に示すのは難しいものです。その辺はあまり深く考えず、適当な数字でかまいません。

6. 浮かんだ考えを書きだす

出来事に接したときに頭に浮かんだ考えを具体的に書きだします。あまり考えず、「上司に疎まれていると感じ、やる気を失った」などと直観的に書きます。

7. 考えの根拠を書きだす

どうして「6」の考えに至ったのか、思考の根拠を書きだします。「同僚と比べて、自分ばかり上司に呼び出されているから」などと書くことになるでしょう。

根拠にたどり着いたら、次の段階ではいよいよ、その考えが正しかったかを検証することになります。

8．ほかの考え方ができないか？

ここまでの考えが果たして正しかったのかを、書きだした情報を基に客観的に検証します。視点を変えると、別の考え方が見えてくるでしょう。

まずは、その考えが現実的かどうかを検証します。そもそもまったく現実的ではない考えを持ってしまっている場合も少なくありません。

思い込みではないか？　十分な根拠はあるのか？　別の可能性のほうが高いのではないか？　こういった観点から見直しましょう。

次に、思考の合理性をチェックします。論理に飛躍があったり根拠が弱かったりするかもしれません。思考が硬直化していないかも要チェックです。「～でなくてはいけない」「絶対に～だ」といった考え方がどこかに紛れ込み、非合理的な結論に至った可能性があります。

最後に、その思考があなたにとってプラスかどうかも見直しましょう。仮に、理論的には正しい答えでも、あなたにとってまったくメリットがなく、辛いだけなら別の考え方を探すべきです。

このように検証すると、**あなたの考え方にはどこかに非現実性や歪み、硬直した思い込みが見つかり、別の考え方が浮かんでくる**はずです。

先ほどの例なら、「自分ばかり上司に呼び出される」というのは思い込みかもしれませんし、上司が不機嫌に見えたのは主観的な歪みかもしれません。

すると、よりポジティブな別の可能性が見えてきます。

9．落としどころを見つける

ここまで検証できれば、客観的、現実的でポジティブな落としどころが見つかっているはずです。「注意されると、その驚きから自分を過小評価しがちだ。そんなときこそ冷静になるべきだ」などと今後の指針がつくれるでしょう。

10．気分の変化を記録する

ここまでをノートに記すだけでも気分が変化することもあります。ただ最後に、その変化をしっかり記して終えてください。

ネガティブな感情は、個人差もありますが、おそらくかなり低減されたと思います。当初の数字と比較して、メンタフダイアリーを記したことでそれがどのくらいまで減少したか数値化してみましょう。

ノートを書き終えてすぐに数値化するのではなく、数日経ってから振り返り、数値化してもいいと思います。

強い衝撃を受けた出来事も、時間が経つと見方が変わるものです。時間が経過することで得られる気づきもあるでしょう。

メンタフダイアリーの書き方

1	タイトル	上司とうまくいかない
2	悩みの分類	仕事、メンタル
3	悩みの対象	上司
4	状況	また上司に怒られた
5	感情の数値化	驚き：20％、虚しさ：40％、悲しみ：40％
6	浮かんだ考え	上司に疎まれているように感じて、やる気を失った
7	考えの根拠	同僚と比べて怒られる回数が多い
8	ほかの考え方	自分も気づいてないだけで、他の同僚も同じくらい怒られているのかもしれない
9	落としどころ	怒られるとつい自分を過小評価するので、冷静になるようにする
10	気分の変化	虚しさ：40％→20％

自分の思考の「クセ」を見つける

メンタフダイアリーをつけていると、自分でも気づいていなかったさまざまな思考のクセを知ることができます。

参考までに、以下に代表的なパターンを記しておきます。ご自分に当てはまるものがありませんか?

・失敗を極度に嫌う

自分および他人の失敗に、極端に不寛容になるパターンです。「絶対に失敗してはいけない」という強い思い込みがベースにある場合が多いようです。その結果、失敗を認められなくなる人もいます。

・目標が高すぎる

高すぎる目標を設定してしまうパターン。やはり自分に対しても、他人に対しても高い目標を求めてしまいます。現実的に不可能だったり、可能ではあっても実現のための負担が大きかったりする目標はストレスを生みかねません。他人にそのような目標を課してしまうと人間関係で悩むことにもなります。

とくに高学歴の人やスポーツなどで結果を残した人は、そのことから自分への期待を過大評価したり、非現実的な高すぎる目標を設定しがちです。自分の位置づけを客観的に知ることが必要です。

・神経質

ものごとに対して過敏であるパターンです。たとえば、無関係なことを自分にも関係があるようにとらえたり、ものごとを難しく考えすぎたりします。特定の見方にこだわるあまり、客観性を失うこともあります。日本の教育も知識習得を重視し、その網羅性を試験でチェックするので、ダメな点をすぐに見つけて気にする人が多いのです。

・依存

特定の人や物に依存する場合です。アルコールやタバコ、ギャンブルは言うまでもありませんが、最近ではネットやゲーム、SNS依存が多いです。特定の人、家族、パートナーに過度に依存するケース、それが共依存に発展して抜き差しならなくなり、さらにトラブルになるケースも見受けられます。

・視野狭窄《きょうさく》

複数ある可能性や選択肢を、1つしか考慮しない思考パターン。決めつけともいえます。ほかに可能性がないか、メンタフダイアリーで検証してください。

・我慢のしすぎ

自分の気持ちを抑えすぎ、結果的にストレスを生むケースです。言いたいことややりたいことを我慢しすぎる方もいますし、頼みごとを断れないのも一種の我慢のしすぎです。

・攻撃的になる

我慢のしすぎとは逆に、自分以外の人を責めすぎる方もいます。自分に非がある可能性をまったく考慮しない点では、視野狭窄の一種ともいえるでしょう。

・過度に否定的

他人や他人の考えに過度に否定的になるパターンもあります。他人を認めることができず、まず否定から入ることが習慣化してしまっています。厳格で厳しすぎる、ほめられる事が無いなどの生育歴から生み出されやすいとも言われています。

・完璧主義

世の中のものごとには曖昧さがつきものですが、それが我慢ならず、白黒つけたがる思考パターンです。自分に当てはめると完璧主義になり、ストレスになります。エンジニアや研究者、教育者、官僚などに多い傾向があります。

すべての事象には白黒をつけられないことが多いものです。白と黒の間のグレーゾーンのなかに真実が隠れていることを見過ごし、余計なストレスも抱えてしまうのです。

自分の考え方を分析するのは面倒で、楽しいとは限りません。自分の考えを客観視し、いったんは自分の信念をも否定するのは簡単ではないでしょう。しかし、その考えの偏りがあなたの成長を阻んでいるものの正体かもしれません。

無意識や潜在意識のなかで行っている自分の瞬時の思考、判断を客観視するのはとても難しいものです。しかし「紙に書きだす」というシンプルな、だれでもやろうと思えばできる行為が助けてくれます。

1つ注意したいのは、**メンタフダイアリーを書くことをストレスにしてはいけない**ということです。自分に合っていると感じたら継続すべきですが、「毎日書かなければいけない」とか「ずっと続けなければいけない」といったルールはありません。面倒であればメンタフダイアリーに限らず、アイディアや愚痴なども書きだすなどの習慣をつけるといいでしょう。

メンタフダイアリーに十分な効果を感じなかったら、次の章で紹介するピアコーチングと組み合わせる手もあります。メンタフダイアリーから得られた気づきを基にコーチに相談してみてください。うつ病になりそうなほど深い悩みであれば臨床心理士に相談することがお勧めです。

第5章まとめ

*悪いことが起こったときのネガティブ感情をコントロールするには「メンタフダイアリー」をつけてみる

*ネガティブな感情には認知に「反論」することで、同じことを繰り返さないための準備に変えられる

*自分のことを責めすぎていないか、「かりてきたねこ」でチェックする

*自分の感情を言葉で表現し、パーセンテージで分けてみる

*自分の思考のクセをみつけてみる

第6章

40代から伸びる人はピアコーチングで習慣を変える

凡人でも習慣化できるすごい方法

本書ではさまざまなアドバイスをお伝えしてきましたが、いずれの内容も頭では納得し参考になったと思っても、**それが「習慣化」でき良い結果を生み出さなければまったく意味がありません。**

やってはみたけれど、続かなくて、結局三日坊主で終わってしまったということでは、意味がないばかりか自分の不甲斐なさ、自己嫌悪からさらに落ち込んでしまいます。

これには、いま続けてしまっている悪い習慣をやめる、ということも含まれます。たとえば、いまはスマホやSNS依存の方が増えています。電車内でも、あるいは職場でも、少し時間ができるとフェイスブックやライン、インスタグラム、ツイッターをチェックする人ばかりです。

もちろん、ＳＮＳは必ずしも無駄ではありません。使いようによっては自分を成長させることもできるでしょう。ユーチューブなどには優れた教育コンテンツが無料で公開されていることもあります。

しかし、あまり見すぎては時間の無駄遣いです。そうわかっていても、ついつい見てしまう方が多いのではないでしょうか。学生のなかには授業中にもＳＮＳを手放せない依存状態になっているケースもあります。中国の名門大学でもゲーム依存で授業や宿題を無視し、退学していく学生が増加して大きな問題になっています。日本でもスマホ依存の予防キャンペーンが必要だと思います。

このようにＳＮＳを見すぎることは、明らかに悪い習慣とも言えそうです。しかし、いきなりゼロにすることは簡単ではありません。たとえばＳＮＳに費やす時間を1日1時間から30分まで減らせれば、有効活用できる時間が30分増えます。

1ヶ月や1年単位で考えればこの積み重ねはすごいインパクトにつながります。

そうしたら、その時間を自分の成長のための時間に使うのです。たとえば、本を読むとか資格取得のための勉強、あるいはスポーツ、趣味の時間にしてもいいでしょう。そうすれば、必ずなんらかの成長はできるでしょう。


とはいえ、人間の意思はとても弱いものです。とくに自分1人でなにか目標を掲げ、そのための努力をコツコツ続けるのは、至難の業と言えるでしょう。

そのためにもっとも効果的な方法が**「コーチング」**なのです。

日本でコーチングというと、少年野球やサッカーのコーチのように、熟達者が一方的にものごとを教えることをイメージされることが多いのですが、それはコーチングの本質ではありません。私がお伝えするのは、**習慣と行動を変えるお手伝いを人に頼む**ということです。

たとえば最近では、ダイエットの分野でコーチングを活用して成功している企業にライザップがあります。私の知人でも減量に成功した人は複数います。

これまでダイエットを売りにしてきた会社は、食べ物やサプリメント、運動器具、ＤＶＤなどを販売するだけで、実行は本人に任せるものがほとんどでした。そういったダイエット商品はきちんと続ければ効果があるのかもしれませんが、本人が続けられなければ意味がありません。

ライザップはその点、客とトレーナーがマンツーマンになり、ちゃんと食事を制限しているか、ちゃんと運動しているか、習慣に落とし込んでいるかをチェックしているようです。よい習慣を身につけるためのフォローをしていく、これこそがまさに、コーチングの本質なのです。

自分１人でがんばっているつもりでも、現実にはいくらでもサボることができます。しかし、**定期的に連絡をとって途中経過や成果を報告する相手がいると、それだけで抜群に続けやすくなる**のです。

エグゼクティブほどコーチングの力を知っている

アメリカにはスポーツだけではなく、ビジネスの分野におけるコーチングのプロがたくさんいます。生活習慣を変えたり、考え方を変えたりすることをサポートする専門家たちです。心理学やビジネスの博士号をもつビジネスコーチは珍しくありません。

私も、いわゆる企業のエグゼクティブ層の人たちに対して、こうしたコーチングを行っています。**エグゼクティブの人たちは、習慣の力がいかに偉大であるか、そして、悪い習慣やハラスメントになりかねない言動を変えることがどれだけ大変で、難しいことであるかを理解しているのです。**

以前、私のところにある一部上場企業の社長が相談に来たことがありました。健康のためにお酒を減らしたいが、仕事上のパーティも多く、どうすればいいだろうか、という相談です。付き合いでの飲み会だけでなく、ストレスが多くどうしても酒量が増えてしまうということでした。

すでに説明したように、健康管理は「ワーク」「ライフ」「ソーシャル」のすべてのフィールドの土台になるものですから、非常に重要です。

さて、私は彼に、週数回ある飲み会のうち、3回に1回、または週に2回はノンアルコールで通すように進めました。近年のノンアルコールビールの味は進化していますし、ウーロン茶だけで料理を楽しんでもいいはずです。

私は彼と定期的に面談し、「今週はどのくらい飲み会に参加したのか」「そのうち、アルコールを摂取しなかった飲み会はどれくらいあったか」を確認しました。当初、「飲み会でアルコールを飲まないなんて我慢できない！」と思っていた彼でしたが、実際にやってみると、お酒を飲まなくても食事と会話だけで十分楽しいし、明らかに翌日の体調もいいということに気づいたのです。

もし、彼が1人で「飲み会でお酒を飲むのをやめよう」と決断し、飲み会の回数を減らしたり、アルコールを完全に遮断したりしたら、続かなかったでしょう。

しかし、私と相談しつつ、その成果を報告し、さらに実際に行動してみたときの自分の心境を説明し、フィードバックをもらうことで、驚くほど早く、簡単に習慣を変えることができたのです。

コーチの存在は抑止力にもなります。彼は私と「最低週に2回はノンアルコールにする」という約束を交わしたわけですから、飲み会の席でも私の顔が浮かんだと言うのです。彼もこんなコーチングがあるとは驚いたし、中堅の部下たちにも広めたいと評価しています。

こういう適度な緊張感を30代からスタートするなら、人間の薄弱な意思を手遅れにせずに矯正するのに役立つわけです。

認知の歪みを変えることで行動を変える

私がお伝えするコーチングの方法は、**「認知行動療法」**のカウンセリングに似ています。

認知行動療法とは、臨床の現場で抑うつなどの心の不調を改善する定番の方法の1つです。ものごとの受け取り方、つまり**認知や解釈を変えて心を整える「認知療法」と、行動を変えて心を整え、認知に働きかける「行動療法」を組み合わせたもの**です。

認知とはもののとらえ方、考え方のことですが、病的ではないにしても、生活に支障がでるほど認知が歪んでしまっている人は少なくありません。

その結果、感情のコントロールや適切な行動ができなかったりします。「自分を変えよう」と思っているのにそれを日頃の言動に移せないのも、認知の歪みが原因かもしれません。

あるいは、行動のクセに問題があるのかもしれません。

感情や思考は行動に影響を与えますが、逆に、行動が感情や思考を変えることがあります。「楽しいから笑うのではなく、笑うから楽しいのだ」という考え方があるように、行動が感情を左右することがあります。ならば、行動や日頃の習慣を変えれば感情や考え方も変えられるでしょう。

認知療法と行動療法、どちらが優れているかは学者により意見が分かれますが、両方を組み合わせた認知行動療法がベストだと個人的には考えています。

「認知」といってもわかりにくいと思うので、具体例を挙げましょう。

あなたはとても喉が渇き、ジュースを一口飲んだところです。目の前のコップにはちょうど半分くらいのジュースが残っています。

このとき、「あれ、もう半分飲んでしまった」ととらえるのは、一種の認知です。残念な感情が生まれるでしょう。

しかし、見方によっては「まだ半分残っているぞ」とももとらえられます。これも認知です。すると、安心するような、ポジティブな感情が生まれるでしょう。

私はセミナーなどでこのことを議論していきます。すると参加者からは「小さなコップに移し替えれば満杯になる」「半分の水でも炭酸や氷を加えれば美味しそうになる」「半分なら一口で飲み切れて、自分ならかえって満足する」などとワイワイガヤガヤ議論が出てきます。終わりのころには満足したような安心したような顔が広がるのです。

グラスにジュースが半分しか残っていないのは客観的な事実です。しかし、その事実を「半分飲んでしまった」ととらえてもいいですし、「まだ半分ある」ととらえても間違いではありません。そもそも正誤の基準ではないのです。

つまり、**事実は１つで変えることができないけれど、とらえ方には複数のやり方がある**ということです。

よく「客観的な事実は1つしかない」と言われます。その通りではあるのですが、とらえ方に複数のやり方があることは、見落とされがちです。事実は同じでも、そこから生まれる感情はとらえ方によって変わるということです。

つまり、「事実→感情」なのではなく、**「事実→とらえ方（認知）→感情」**だということです。

とらえ方を変えれば、事実は変わらなくても感情は変わります。とらえ方に問題がある場合を、「認知に歪みがある」と言います。

これはキャリアや昇進、合否、過去の事実、人間関係などすべてに当てはまります。「定年」という事実でもよくワークショップで議論しますが、参加者は気が楽になるととても喜びます。

周囲の仲間と行う「ピアコーチング」

習慣を変えるために効果的なコーチングですが、プロのコーチに依頼することは簡単ではありません。

第一に、コーチングが盛んでない日本でコーチを探すのが大変でしょう。とくに地方では、コーチが東京から出張していくケースもあります。

アメリカのビジネスコーチが心理の修士や博士号を持っていることが多いのは、社会のコーチングやメンタルへの関心の強さや歴史の積み重ねの表れです。日本はまだそうはなっていません。

また、アメリカでは時間をかけて精神科医と定期的な面談を行うこともよくありますが、日本では精神科へ気軽に行くことはとくに中高年の男性には抵抗が強いようです。

日本のメンタルクリニックにおける薬物療法レベルは世界でも先進と言われます。ただ、カウンセリング療法を希望しても、適任のカウンセラーが紹介されず、結局だれも見つからないという嘆きも多くあります。

また、**プロのコーチを見つけられても、当然ですが相応の費用が必要になります。**この点もアメリカと異なり、日本は費用の相場の理解ができていません。

たとえばアメリカのビジネスコーチングの費用の相場は、３００ドルから５００ドル、エグゼクティブ向けですと１０００ドル以上も珍しくありません。しかし日本では、1回1時間あたり1万円でも高く思う人が多いのです。

日本でもエグゼクティブ向けコーチングなら10万円近くにはなるのですが、その費用対効果の想像ができないのが普通です。実際、「そんなに高い費用なら、銀座にでも飲みに行ったほうがよほど自分には効果がありそうだよ」などとの発言が大手一流企業の役員から実際に飛び出したこともあります。

会社でコーチングを実施した経験がある人のコネクションでプロのコーチを見つけられれば幸運なケースです。しかし一般にはビジネスコーチングで自分にとって無二の優れたコーチを見つけるのは困難で現実的とはいえません。

そこで、だれでも体験できる**「ピアコーチング」**をお伝えします。

ピアコーチングとは、私流の解釈も混じりますが、ごく簡単に説明すると、基本さえ学べば**素人同士でも行うことができるコーチング**です。「ピア」（peer）は英語で「仲間」という意味ですが、「同僚」や「対等の人」というニュアンスもあります。

いわゆるコーチングでは、（そんなに大きくはないですが）コーチとクライアントとの間に師弟の関係が生まれます。メンター制度などでも同様です。それに比べて、ピアコーチングではコーチとクライアントがまったくフラットな立場で対話し、クライアントの問題解決に向かうのです。

ピアコーチングを行う際の相手の選び方

ピアコーチングを実行するためにまず大切なことは、コーチとコーチングの違いを理解することです。

日本でビジネス「コーチ」というと、企業や団体の重責の経験者、会計士、弁護士、大学教授など、社会的に高い地位を築いた成功者を想像しがちです。そういう人ほど自分の経験を他人に伝えたがる、コーチや顧問になりたがる、というありがた迷惑な資質が強いこともあるでしょう。

しかし、若い方々が話を聞きたがるのは、必ずしもそういった「スゴい人」ではありません。それよりは、多様な人生や失敗の経験をしたサークルの先輩のような近づきやすい人のほうが人気があります。

コーチも同じです。一流の企業でその実績と人望で上まで上り詰めた人もいいですが、たとえばリストラされて自ら起業したとか、経験なしでゼロからカフェを開業して軌道にのせたなど、多様で貴重な経験を積んだ人物がいいでしょう。

そのなかでもコーチの第一の条件は、**「しゃべりすぎないこと」**です。

コーチは、話を聞くことがうまい人、傾聴ができる人でなければいけません。「自分が、自分が」と一時代前の成功談や経験を話したがるウルサ型の人はそもそもコーチには向いていません。

コーチングの世界では、話を聞くこと、そして共感することを**「傾聴する」**と言います。傾聴は、忍耐力がなければできませんが、クライアントから深い話、さらには成長へのヒントを自らの気づきで引き出すためには欠かせません。

たとえば、私は学生や大学院生、若い社員の方の相談に乗ることがあります。

そのとき、自分の経験を話したり、指導したりはしません。じっと傾聴するのです。すると間違いなく、相手はプライバシーに関するプライベートな話をし始めます。私が話すよう促したのではないのに、家庭の事情など、重要な話を打ち明けてくれるのです。

こうなれば悩みの背景、原因や対策が見えてきますので、コーチングもフォーカスしやすいです。そもそもその苦悩を聞いて欲しいだけなのかもしれません。**悩みの解決策を持っているのは、悩んでいる当人です。ただ、本人は苦悩が先行してそれに気づく余裕がないのです。**安心した環境下ではその隠れた解決策にふと気づく瞬間がたいていは出現するのです。

これが傾聴の効果です。じっと我慢をしてまで話を聞き続けることで、相手の話と解決策を引き出すということです。

コーチに向いているのは、自分の気持ちを抑えてじっくりと傾聴できる人です。聞き上手な方をピアコーチングの相手として探すことがポイントです。

コーチはクライアントが答えを探す手伝いをする

ピアコーチングにおけるコーチの役割は、クライアントの指導ではありません。クライアントが目標を達成する手伝いをすることが仕事です。

そもそも「コーチ」とは英語で馬車を意味する言葉です。バッグが有名な「Coach」という高級ブランドのロゴに、馬車が描かれていることをご存じの方も多いでしょう。

そのロゴをよく見ると鞭を持った馬車引きが描かれています。この馬車引きこそが、ピアコーチングにおけるコーチのイメージです。コーチは高みから指導するのではなく、馬や馬車と一緒に走るのです。コーチは主役ではなく、馬車が走る手伝いをするだけです。

コーチはクライアントが話すことをじっと傾聴し、クライアントが自ら自分の行動を反芻するのを見守ります。そして、クライアントが自力で気づきを得る手伝いをするのです。

「自力で」という点がポイントです。主役はあくまでクライアントであり、コーチはその手助けをするだけだからです。

たとえば、「タバコを減らす」というテーマでコーチングを行っているとしましょう（実際はもっと具体的なテーマのほうがいいのですが、テーマの決め方についてはこの後説明します）。

クライアントが1人だけで考えていても、たとえばタバコを減らす薬があるとか、禁煙したい人のための外来があるといった知識にたどり着けないかもしれません。そんなとき、コーチはそっと助け舟を出すのです。

教えるのではなく、一緒に考え、クライアントが行き詰まったら気づきを得る

ための手助けをする。これがコーチの基本スタンスです。

したがってコーチはクライアントの話すことを許容します。もちろん明らかに行きすぎの行為は止めますが、基本的には「NO」を言うことはありません。

ただし、だからといってクライアントの言っていることをなんでもかんでも許容するような、極端な楽観主義もNGです。

どんなときも「前向きにがんばれる」と考えてしまう「ポジティブ病」のコーチもいますが、そんなスタンスはかえってクライアントを疲れさせかねません。

コーチはクライアントを肯定も否定もせず、話を聞くことでクライアントが走る手助けをするのです。

近すぎず、遠すぎない「2・5人称」の人

ピアコーチングの相手を選ぶときに注意していただきたいことがあります。それは、**「コーチは友人ではいけない」**ということです。

友人にコーチになってもらうと、どうしても甘えが出てしまいます。だれでも、仲のいい友人と飲みながら愚痴を言った経験があると思います。でも、それは単なる愚痴で終わってしまったのではないでしょうか。

また、仲のいい友人同士だと緊張感がないため、「今週も目標が達成できなかったよ〜」などと、なあなあになってしまいがちなのです。これでは意味がありません。

コーチングの目的は、あくまでも習慣を変えることです。そのため、気兼ねなく話はできるけれど、適度な緊張感を持つことが求められる人物であることが必要な条件と言えます。同様に、甘えてしまいがちな家族、恋人なども、ピアコーチングの相手には適していません。

ただ、かといって、**まったくの他人もコーチには向いていません。**

コーチとクライアントとの間には信頼関係が必要だからです。プライベートなことを話すことになるわけですから、口の堅さなども信頼できる人でなければいけません。

仮にあなたがクライアントだったとして、見ず知らずの人にプライバシーにまつわる悩みを打ち明ける気になるでしょうか？

そこで私は、**「2・5人称」の間柄の人をコーチに選ぶべき**だと考えています。

「あなた」「君」が2人称ですが、2人称で呼びかけられる相手はコーチとして距離が近すぎます。しかし、「彼・彼女」の3人称の人間は他人ですから、距離が遠すぎる。

したがって2・5人称が適しているというわけです。**他人以上、友人未満**と言ってもいいでしょう。

そこで、SNSでつながりのある、しばらく会っていない方を探してみてはいかがでしょうか。もともと親しかった方なら信頼関係を築けます。それに、ある程度会っていない期間があれば甘えることもないでしょう。

あるいは、知り合いに紹介してもらうのもいいと思います。いずれにしても、ここまで述べたコーチの条件に合致する人であることは言うまでもありません（私の個人的な理想を言えば、信頼できるコーチを探せるマッチングサイトのようなものがあればベストですが、ネットにはリスクもあります）。

日時や場所はしっかり決めておく

さてコーチを見つけたら、コーチングのルールを決めます。「なんとなく」でコーチングを行うと、内容のないものになってしまいますから、時間・場所・テーマなどをあらかじめ決めてからスタートするのです。

まずは**頻度**と**回数**です。

毎週や隔週で会い、全5回程度で終えるのがよくあるパターンですが、とくにルールはありません。コーチとクライアントの都合に合わせて決めてください。もっとも、**回数は多くても10回程度**にしましょう。

いずれにせよ、重要なのは回数と期間をきっちりと決めることです。決めずに始めるとダラダラと会い続けてしまい、一種の共依存やなれ合い関係にもなりかねません。もちろん、いつまでも習慣を変える目標が達成できないでしょう。

もし、決めた回数を終えても継続したいと感じたら、その段階でまた話し合えばいいのです。とにかく、**ピアコーチングをいつまで続けるのか、いつ終わりにするのか、それははっきりさせてください**。

同様に、1回1回のセッションの時間も決めてください。短いと不十分ですが、長すぎてもダラダラします。30分から1時間程度がよいでしょう。

コーチングの場所や、キャンセルのルールも決めてから始めてください。**会う場所は話の内容に影響を与える可能性があります。**他人に聞かれたくない話やプライベートの話に触れるなら、小さな密室のほうがクライアントの緊張を防げます。逆に、将来の目標や夢の達成について語るなら、広くて明るい空間が適しているでしょう。

多くの場合は喫茶店でも問題ありません。静かな場所がよいなら、貸し会議室を借りる手もあります。費用の負担方法も忘れずに話し合ってください。

もちろん、社会人だと互いに急な仕事の案件やトラブル処理もあったりするでしょうから、行けなくなる場合もあるでしょう。そういう場合にどう連絡し、次のコーチングをいつ行うかも決めておいてください。

こうして、たとえば**「1回1時間のコーチングを隔週で6回、つまり3ヶ月」**などとコーチングの全貌《ぜんぼう》が決まります。

この期間が終わったら、気づきや改善への成果をお互いにフィードしあいます。この反省会はお互いへのご褒美として会食のような雰囲気でやるのも良いと思います。

ここでピアコーチングはいったん終わりです。次のコーチングの必要を感じたら、お互いの合意で、数ヶ月の間をおいてからテーマを変えて、もう一度行いましょう。

テーマを広げ過ぎてはいけない

さて、ここまでの作業でコーチとコーチングの期間を決めることができましたが、もっとも大きな準備が残っています。

それは、テーマを決めることです。

もちろん、本書をお読みになってピアコーチングにチャレンジしようと考えている方は、なにかしらの課題をお持ちでしょう。コーチングによって劇的に「人生を変えたい」とお思いかもしれません。

自己啓発のジャンルを好む人にはそのような意識が高い人が多いのです。しかし性格がお人好しで、気にしているダイエットや節酒などは何度も失敗して苦手など、小さな習慣に目を向けて実行するのが苦手な人も多いのです。

大きな目標、ビジョンの設定は気分が良くなりますが、その気持ちをそのままコーチングのテーマにしてはいけません。大きすぎるし、漠然としすぎているからです。

人生を変えるのは小さな習慣であり、コーチングもその小さな習慣を変えるために行うのです。プロとのコーチングではこの目標の設定の入り口でやはりプロらしいすこし手を伸ばせば手がとどく、ストレッチが含まれたガイダンスを与えてくれます。

したがって、同様にピアコーチングでもお互いが、そのターゲットとする習慣を細分化してからピアコーチングに臨んでください。

たとえば、転職を考えていて、そのためにコーチングを行うとします。ですが、「納得のいく転職」ではそのテーマとして大きすぎます。もっと絞らないといけません。

たとえば私がコーチなら、「転職のタイミングをいつにするか」だけで3回はセッションします。

いますぐなのか、1年後なのか、それとも3年後なのか。このくらい具体的なテーマなら、話しているうちにゴールが見えてくるでしょう。

あるいは、「転職先の業界」「自分の転職での強み」をテーマにしてもいいでしょう。

いま、自分が勤めている業種と同じところで働き続けるのか。それとも、ここで一度、まったく違う業種に行くのか。職種や仕事内容は変えたいと考えているのか、などです。これらを1つひとつ丁寧に、小刻みにしながらテーマとして設定するのです。

このことをピアコーチングで30代の間に一度でも経験したことのある人は本当に少ないのです。日々の業務に追われたまま、気がつくと40歳をすぎ、もうそのときにキャリアに迷って転職を意識しても、多くの場合は遅すぎることもあるのです。

ぜひ本書を手にした方は、知識として終わらせるだけではなく、ピアコーチングにトライしてください。

コーチングの技法を述べた本が多いなかで、その大切なことをしっかり伝えるのが本書を書こうと思った私の願いです。大げさに言えば人生を変えることもあります。

夢を習慣に細分化する

最終的には、テーマは具体的な習慣にまで細分化・具体化する必要があることは繰り返し述べました。心のなかにある夢は壮大なものでいいのですが、それを、身近な小さな、そしてコーチとフォローできる習慣に落とし込むのです。

その際に、ヒントとして付け加えるなら数値化できるとなおいいでしょう。進捗を「見える化」しやすいからです。

一例を挙げると、「健康になりたい」だけではコーチングのテーマとしては大きすぎますから、「お酒の量を減らしたい」などと細分化していきます。

そのとき**「毎日している晩酌を2日に1度にする」**などと数値化できればベス

トです。これなら、「達成できた」「達成できなかった」が明確に判断できます。

また、その目標を達成できたら、「晩酌を3日に1度にする」など、さらに高度な目標を設定し直すこともできます。評価を○×△で書き記してもよいのです。

仕事をテーマにする場合でも同じです。

また、「仕事のパフォーマンスを上げたい」では漠然としすぎていてテーマにはなりません。それを「朝早く出社して15分英語の勉強をやる」など習慣に細分化し、さらには「その15分の確保のために始業時間の30分前に出社する」など、**数字で表現できるテーマにしてください。**現代はそれをスマホなどで記録することも簡単です。

こうすれば、5回程度のコーチングでもはっきりと進歩を確認できます。

コーチングの課題に決まりはありません。仕事についてでも、もちろんいいですし、部下との人間関係も大切なテーマでしょう。

ご自身の健康問題も、ぜひテーマにとりあげるべきです。最終的な目標は、なんでも結構です。

重要なのは、目標を習慣に細分化することです。逆に述べると、壮大な夢も習慣に細分化できれば、コーチングによって実行可能になる、ということでもあります。

テーマにすべき習慣が決まったら、いよいよコーチングの開始です。ただこのステップでここまで述べてきたことをしっかり準備していれば、7、8割は成功します。

逆に、漠然としたまま、準備もなしに、イメージだけでピアコーチングを素人が始めても大抵は途中で挫折しています。

おわかりのように、じつはコーチングでは「テーマを決める」ということ自体がけっこう厄介な作業です。

ですから、**コーチングの最初の1回、あるいはテーマで納得感がでるまで最初**

の数回を、丸々「テーマ決め」に費やしてもいいでしょう。

その場合、クライアントが自力でテーマを見つけるのがベストではありますが、行き詰まるようならばプロのコーチがテーマを設定しても問題ありません。

目標が達成できなかったらどうするか

ピアコーチングは、出だしはやはり雑談から始まります。雑談も大切な導入プロセスです。しっかりクライアントの話を聞いてください。

落ち着いたら、テーマに移ります。「毎日やっている晩酌を2日に1度にする」という目標なら、前回のコーチングを終えてから、その目標を達成できたのかをクライアントに聞いてみましょう。

目標を達成できていたら、全力で称賛します。「素晴らしい」「さすが！」「その調子！」など、今後も目標を達成するためのモチベーションをつくってあげるのです。

私はエグゼクティブ・コーチとして大企業の役員や中小企業の社長さんなどをクライアントにしてきましたが、そのような人でもほめると、子どものように嬉しそうな顔をするのを知っています。

社会的に地位のある人でも、意外と他人にほめてもらえる機会は少ないものです。もっと言えば、自信を失っているケースもあります。周囲も忖度などの姑息な手段ではなく、口に出して直接ゴマをする、ほめるほうが罪をつくることにはならないのかもしれません。

ビジネスでもスポーツでも芸能界でも、スゴい人にこそコーチングが必要なのが日本の現状ともいえます。毎年のように繰り返される不祥事も、コーチングが導入されていれば未然に防げた事件が多いのです。

さてピアコーチングの場合、単にできたことを称賛するだけではなく、**「その目標を実行していたとき、どういう気持ちだったのか」**を聞きます。

夜にお酒を飲まなかったことで、翌朝の目覚めが良かったとか、あるいはなかなか寝付けなかったとか、イライラしたとか、いろいろな答えが返ってきます。**「相手の気持ちを聞く」という行為は、相手が目標を達成できなかった場合にも行います。**どういう気持ちのために、その行為を実践できなかったのか。それを、本人の口から聞くのが非常に大切です。

ピアコーチングの導入と最後のプロセスでは、クライアントの「気持ち」「心理」に焦点を当てるのがポイントです。

すると、クライアントは自分の気持ちを振り返ることができ、自身を客観視できるようになります。プロのベテランコーチはさすがと思うのは、無意識や潜在意識にまで思いを探っていくことがあるのです。

しかし、コーチングはあくまで習慣、つまり第三者から観察できる行動を変えることが目的であることを忘れてはいけません。クライアントの気持ちだけについて話していても、カウンセリングと混在した雑談で終わってしまいます。

そこで、コーチングは次の段階に移行します。気持ちの問題を、行動に反映させるのです。

クライアントが晩酌の回数を目標通り減らせていないなら、**「『どうすれば』減らせると思いますか？」**などと、行動のほうにクライアントを導いていきます。

するとクライアントは、晩酌を減らすための具体的な行動について考えはじめ、「お酒を冷蔵庫に買い置きしない」「帰りに、お酒を売っているコンビニに寄らない」「お酒の広告を見ない」など、行動目標を挙げるでしょう。

ここで非常に大切なのが、**あくまでも行動目標を考えるのはクライアント本人である**、ということです。

コーチ側の人間が具体的な対策を思いついても、「お酒を買い置きしないほうがいいんじゃないですか？」などと提案してはいけません。

人間は自分が立てた行動ならば積極的に守ろうとしますが、他者から提示されたことはなかなか実践できないものです。クライアントが思いつけない場合は助け舟を出してもいいですが、あくまでも行動目標を提案するのはクライアント本人なのです。

一度に立てる行動目標は3つくらいが上限です。 4つ以上になると覚えられませんし、実践も難しくなります。

将来はこのコーチングにもビッグデータやAIが入り込むと予想されています。プロコーチの経験と知見は、現状ではそのコーチ自身に暗黙知として蓄積されたままになっています。少人数のセミナーなどでは私の暗黙知を形式知にしてコーチを目指す人たちにシェアもしますが、この手法も限定的なことになっています。

ただ将来はデータやその相関が検証されて、エビデンスとして科学の分野に発展していくでしょう。すでにAIを活用したアプリも開発されています。日本の大学ではこの分野の研究者はほとんど存在しませんから私も個人的にはその実証研究の分野にも強い関心を持っています。

相手の言葉を繰り返すとすごいことが起こる

コーチには、話を聞く傾聴のテクニックが求められます。傾聴の効果と重要性については繰り返し述べてきました。

単にだまってじっと話を聞くだけでは、クライアントから深い話を引き出すことはできません。積極的にうなずいたり、相槌を打ったりすることで、相手に「この人は自分の話をきちんと聞いてくれている」と思わせることができます。

また、相手が発した言葉を繰り返すことも効果的です。とくに意味がなくても大丈夫です。

たとえば、クライアントが「どうしても家に帰ってテレビを見ていると、お酒を飲みたくなってしまって……」と言ったら、「そうですか、テレビを見ているとお酒を飲みたくなるんですね」という風に繰り返します。

繰り返しのすごいところは、**同じことを言っていても、改めて他人の言葉として耳に入ると、そこから本人が気づきを得る**、という事実です。

先の例で言えば、「そうですか、テレビを見ているとお酒を飲みたくなるんですね」と繰り返された言葉を耳にすることで、クライアントは、「そうか、テレビを見ているとお酒を飲みたくなるんだから、テレビを見なければお酒も飲みたいと思わなくなるかもしれないな」

と、自分で気づき、行動目標として設定できるかもしれないのです。

このあたりのテクニックについては、第3章で述べた、部下のマネジメントのテクニックと同様です。

コーチもテーマについて勉強する

コーチの役割は基本的には話を聞くこと、そしてクライアント自らが気づき、行動と能力を開発できるようにすることですが、それだけではありません。クライアントをきちんと目標達成に導けるように、勉強することも必要です。

勉強といっても大げさにとらえる必要はありません。ピアコーチングの前に、15分なり30分なり、テーマについて調べものをする程度です。

たとえば、ピアコーチングの相手がお酒の量を減らしたいと考えているなら

・お酒の飲み過ぎが体に与える悪影響

・アルコールの摂取がメンタルに与える影響
・アルコールが体内に入るとどんな働きをするのか
・お酒の種類別の影響の大きさ
・アルコール依存症になってしまった人たちの話

などを調べておくのです。

もちろん、調べたことを相手になんでもかんでも披露するのはよくありません。百戦錬磨を自認し、教えたがる、あるいは高学歴な幹部たちも、意外とコーチには不向きな人も多いです。また、それによって相手に切迫感や焦りを抱かせてしまうと逆効果になります。

あくまでも相手がその手の話題をし始めたら、**「そういえば、こういうデータがあるみたいですよ」**といったように、さり気なく提示する程度でも、相手の意識には残るのです。

また、テーマについて勉強することはコーチのためでもあります。

コーチは単にクライアントを助けるだけではありません。**コーチもまた、ピアコーチングから学びを得ることができるのです。**

場合によっては、いったんピアコーチングが終了したら、コーチとクライアントの立場を入れ替えて次のピアコーチングを行ってもよいでしょう。

クライアントはもちろん、コーチにとっても自身の成長につながる自己啓発効果が大きいのがピアコーチングです。

第6章まとめ

＊習慣化は難しいので、他人の力を借りるコーチングがおすすめ

＊プロに頼むのは日本では難しいので、素人同士で行うピアコーチングでもいい

＊ピアコーチングの相手は自分に近すぎず、遠すぎない2・5人称の相手が最適

＊コーチングを始めるときは必ず期間や頻度、場所、テーマなどを明確に決めておく

＊テーマ設定は難しいので、それ自体をテーマにしてみるのもアリ

＊コーチ役になるときは傾聴・共感・相手の気づきに徹し、自らも勉強しておく

おわりに

現在、年金支給に暗雲が立ちこめるなかで、70歳まで定年を延長しようとする政府の政策での動きがあります。

令和の時代ではおそらくは45～50歳位からの賃金カーブの下落は必至であり、欧米並みの実力、実績による評価の厳格化などは明白です。

私の知人、友人でも60歳近くになって役職定年で給与の3割カットは良いほうで、収入が半分になったとの嘆きも増えています。そしてつい先日は4分の1になったとの電話を友人からもらいました。彼は優秀な人物であり、大組織での話です。さすがにこの話は私もショックでした。

実際、給与などは実力主義を採用しておきながら、昭和・平成時代の経営のルールや価値観、人事政策を温存させている企業は多いのです。その中で大組織の本社の企画や管理部門の経験しかないエリート層は注意が必要です。

では30代のビジネスパーソンはどうモチベーションを保ち、人生100年時代を生き抜く知恵を得たら良いのでしょうか。とくに本書で示したコーチングとメンタルタフネスは令和の時代でもっとも重要なスキルとなるはずです。

日本でのコーチングは関心も人気も高く、書籍やセミナーも数多く実施されています。コーチングの資格を持っている読者の方もいるでしょう。自己啓発や教養として、日本では人気があります。

しかし多くの職場でいま実行されている、定着しているという話は本当に少ないのは残念なことです。そして読者の方も本物のコーチに出会い直接指導を受けることは現実には難しいかもしれません。

本書で示したピアコーチングは実践やトライアルがだれでも可能です。ぜひ本書をガイドに同じ危機感や価値観を持つ知り合い、同僚たちと、最初のスタートを踏み出すことを私は切に願っています。

参考文献

『ケロッグMBAスクールで教えるリーダーシップ・エッセンシャルズ』
ロバート・P・ニューシェル（生産性出版）

『リーダーシップ・マスター――世界最高峰のコーチ陣による31の教え』
マーシャル・ゴールドスミス、ローレンス・S・ライアンズ、サラ・マッカーサー他（英治出版）

『エグゼクティブ・コーチング』
キャサリン・フィッツジェラルド（日本能率協会マネジメントセンター）

『会社人生を後悔しない40代からの仕事術』石山恒貴、パーソル総合研究所（ダイヤモンド社）

『40歳を過ぎたら働き方を変えなさい』佐々木常夫（文響社）

『トータル・リーダーシップ　ウォートン校流「人生を変える授業」』スチュワート・D・フリードマン（講談社）

『Peer Coaching for Educators』
Barbara L. Gottesman（Scarecrow Education）

『Why Management Training Fails: How Peer Learning Groups Can Fix It』
Deborah Spring Laurel, Piotr Korynski（The Peer Learning Institute）

『Peer Coaching at Work: Principles and Practices』
Polly Parker, Douglas T. (Tim) Hall（Stanford Business Books）

渡部 卓

Takashi Watanabe

早稲田大学政治経済学部経済学科卒
米ノースウェスタン大学 ケロッグ経営大学院卒（MBA）
帝京平成大学現代ライフ学部及び環境情報学研究科　教授
（株）ライフバランスマネジメント研究所代表
産業カウンセラー・心理相談員・エグゼクティブ・コーチ

［著書］
『折れない心をつくる シンプルな習慣』（日本経済新聞出版社）
『明日に疲れを持ち越さないプロフェッショナルの仕事術』（クロスメディア・パブリッシング）
『金融機関管理職のためのイマドキ部下の育て方』（近代セールス社）
ほか多数

1979年大学卒業後、モービル石油（株）に入社 。その後、米コーネル大学で人事組織論を学び、米ノースウェスタン大学ケロッグ経営大学院でMBAを取得（1986～88年）。1990年日本ペプシコ社入社後にアメリカ本社勤務を経て、AOL、シスコシステムズ、ネットエイジでの幹部を経験し、2003年（株）ライフバランスマネジメント代表取締役社長に就任。2014年4月 帝京平成大学現代ライフ学部教授（常勤）就任。 職場のメンタルヘルス・ハラスメント対策、人生100年時代のワーク・ライフコーチングの第一人者として、講演、企業研修、新聞・雑誌連載、ＴＶ出演等マスコミでの実績は海外も含めて多数に上る。

本文デザイン　清水真理子（TYPEFACE）
装　丁　渡邉民人（TYPEFACE）
編集協力　佐藤喬
校　正　鷗来堂

40代から伸びる人 40代で止まる人

2019年10月1日 第1刷発行

著　者　渡部卓
発行人　櫻井秀勲
発行所　きずな出版
東京都新宿区白銀町1-13　〒162-0816
電話 03-3260-0391　振替 00160-2-633551
http://www.kizuna-pub.jp

印刷・製本　モリモト印刷

 ISBN978-4-86663-087-8